RECUEIL

DE PLANCHES,

SUR

LES SCIENCES,

LES ARTS LIBÉRAUX,

ET

LES ARTS MÉCHANIQUES,

AVEC LEUR EXPLICATION.

ART DU VERRE
FABRICATION DES GLACES

A PARIS,

AVEC APPROBATION ET PRIVILEGE DU ROY.

VERRERIE,

Contenant soixante-neuf Planches à cause de quinze doubles.

VERRERIE EN BOIS,
ou
PETITE VERRERIE A PIVETTE,
Contenant vingt-neuf Planches à cause de sept doubles.

PREMIERE SECTION,
Petits Ouvrages en Verrerie, comme verres à boire & autres uftenfiles.

PLANCHE Iere.

CETTE Planche repréfente l'intérieur d'une halle de petite Verrerie. *a a*, four. *b*, vue extérieure de l'arche où l'on met recuire la marchandife. *c*, porte de l'arche par où l'on paffe les marchandifes. *d d*, trous pour communiquer de l'air à l'arche. *e e e*, ancres de fer pour foutenir l'arche. *f f f*, joues ou petits murs en terre glaife pour garantir les ouvriers de la chaleur. *g*, crochets de fer fur la joue pour tenir la canne au réchauffage. *h h*, ouvraux ou trous par où l'on travaille dans les pots à verre. *i*, tablette fur laquelle les ouvriers pofent leur canne. *l l*, tifards ou ouverture par où l'on chauffe le four. *m*, maître ou paraifonnier qui cueille la matiere avec la canne dans le pot. *n*, maître foufflant la pofte & la roulant fur le marbre. *o o*, ouvriers fur le banc roulant la canne pour donner la forme à la pofte. *p*, ouvrier foufflant la pofte au chauffage. *q*, petit garçon nettoyant le verre qui eft attaché à la canne dans l'auge aux groifils ou recoupe de verre. *r*, tambour ou cheminée par où l'on jette les pivettes ou bois fecs du haut de la halle. *f*, pivettes ou bois prêts à être mis dans le tifard. *t*, tifeur prenant la pivette pour la porter au tifard. *u*, tifeur mettant la pivette ou bois fec au tifard. *v*, petit talut ou chemin du tifard. *x x*, baquets & tonneaux dans lefquels on met rafraîchir les cannes. *y y*, auges pour les recoupes. *ʒ*, marbre fur lequel on roule la pofte. *&*, moule cannelé dans lequel on roule la pofte. *& &*, chaudiere dans laquelle l'on met le fel de foude provenant de l'écume des pots à verre. *a a*, pivettes ou bois qui feche fur le haut de la halle.

PLANCHE II.

Cette Planche repréfente le plan géométral d'une halle de petite Verrerie à pivette avec fon four au centre & toutes fes dépendances. *a a*, plan du four au niveau du tifard. *b b*, talus qui conduifent au tifard. *c c*, ouvertures du tifard. *d d*, évafemens du tifard pour gagner l'œil. *e*, cercle ponctué qui marque l'œil. *f*, maffif en brique pour foutenir le banc des pots à verre. *g g*, maffif en brique pour foutenir l'arche qui communique du four au cabinet de l'arche. *h*, porte paffant par-deffous l'arche. *i*, grilles ou trois barres de fer pour foutenir les pivettes deffus les trous de la cave au travers defquels paffe la braife. *l*, calcaife ou carcaife, ou four à cuire les pots pour les poftes lorfqu'il y en a de caffés. *m*, calcaife ou four pour cuire les compofitions. *n n*, &c. difpofition des bancs pour le travail des ouvriers. *o*, cabinet du maître tifeur pour ferrer fes compofitions & uftenfiles. *p*, partie de l'atelier où l'on fend le bois pour en former des pivettes. *q*, grande caiffe où l'on mêle la compofition cuite mêlée avec le groifil. *r r r*, auges de bois creufées dans un arbre pour recevoir les recoupes des cannes & pilots. *f*, tambour ou cheminée par où l'on précipite le bois fec ou pivettes, de la partie fupérieure de la halle. *t*, cabinet de l'arche où l'on reçoit & dépofe les marchandifes recuites. *u*, caiffe de planches pour recevoir les marchandifes. *v*, croifée du cabinet de l'arche. *x x x*, portes d'entrée de la halle. *y y y*, poteaux de charpente fervant à foutenir la halle.

PLANCHE III.

Fig. 1. Coupe d'un four de la petite Verrerie à pivettes, avec toutes fes dépendances fur les lignes ponctuées A B des plans géométraux. *a*, intérieur du four. *b b b*, petites arcades pour contenir les pots dans lefquels font percés les ouvraux ou trous par lefquels on puife la matiere. *c c c*, pots placés dans le four fur le banc. *d*, coupe d'un pot. *e*, ouvraux placés vis-à-vis du pot. *f*, œil du tifard pour communiquer la chaleur dans le four. *g g*, banc conftruit en brique pour foutenir les pots. *h*, œil de la couronne pour donner de la chaleur à l'arche. *i*, coupe de l'arche où l'on met recuire les marchandifes. *l l*, voûte de l'arche conftruite en brique. *m*, porte de l'arche pour mettre cuire les marchandifes. *n*, tifard où l'on met le bois ou pivette pour chauffer le four. *o*, grilles ou trois barres de fer pour foutenir le bois & pour l'échappée de la braife dans la cave. *p*, talut ou pente en avant du tifard. *q q*, voûte de la cave. *r*, cave à recevoir la braife provenant du tifard. *f*, portes de la cave. *t*, paffage de communication à la cave. *u*, petite niche contre le four où les ouvriers font cuire leur manger. *v*, porte de communication pour l'attelier. *x*, maffif en brique foutenant l'arche. *y*, communication de l'arche au cabinet. *ʒ*, couronne du four ou voûte conftruite en brique.

2. Plan d'un four de petite Verrerie pris au niveau de l'arche. *a*, chemin de l'arche. *b*, œil de la couronne pour donner de la chaleur à l'arche. *c c*, petites portes pour mettre les marchandifes faites à l'arche. *d d d*, trous pour communiquer l'air à l'arche. *e e e*, piles ou couronne du four conftruites en brique. *f f*, difpofition des ferraces ou caiffe de tôle pour tenir & emmener dans l'arche les marchandifes à la cuiffon. *g g*, joues ou petits murs en terre pour garantir les ouvriers de la chaleur des ouvraux. *h h h*, trous ou ouvraux par lefquels les ouvriers puifent la matiere dans le pot. *i*, talut des tifards.

3. Coupe de la cave à braife prife fur le talut & en face des tifards. *a*, face du tifard. *b*, tifard ou trous par où l'on met le bois. *c*, cave à braife. *d*, conftruction de la voûte & cave en brique.

4. Plan du four au niveau des pots. *a a a*, difpofition des différens pots fur le banc dans le four. *b*, banc du four pour foutenir les pots. *c*, œil du tifard pour donner de la chaleur dans le four. *d*, pot du canton pour la cuite du verre. *e*, pot de verre du travail. *f*, *g*, pots de verre de fonte. *h*, pot de verre de travail. *i*, pot de verre verd. *l*, pot de verre brun. *m m m*, ouvraux ou trous par où les ouvriers puifent la matiere. *n n n*, petits ouvraux à pontis. *o o o o*, plans des piles à couronnes en brique. *p p p*, maffifs en brique pour foutenir l'arche. *q*, niche pour la cuiffon du manger des ouvriers. *r*, porte de communication par deffous l'arche. *f f*, talut du tifard. *t t*, joues ou petits murs en terre pour garantir les ouvriers de la chaleur des ouvraux.

A

PLANCHE IV.

Construction du four.

Fig. 1. Coupe & plan en perspective du four où l'on voit la disposition des pots & les ouvriers qui construisent le massif du banc. *a*, ouvrier posant une brique crue & la frottant sur les anciennes posées, pour en égaliser le lit. *b*, baquet où l'on met le mortier composé avec la raclure de brique non cuite, pulvérisée & broyée avec de l'eau. *c*, construction du massif du banc des pots en terre crue. *d*, chemin du tisard. *e*, entrée du tisard. *f*, œil du tisard pour donner de la chaleur au four. *g g*, premier massif en brique cuite. *h*, construction de l'entrée du tisard en brique crue. *i*, ceintre de fer pour soutenir l'entrée du tisard. *l l*, petit mur en brique cuite pour soutenir le terrain de chaque côté du talut du tisard. *m*, talut du tisard. *n*, brique de construction pour soutenir la couronne. *o o o*, massif en terre glaise pour fermer le passage des pots, & pour former les ouvraux. *p*, place d'un pot. *q q q*, pots en place contenant la matiere. *r r r*, construction de la couronne ou voûte du four en brique crue. *s*, barre de fer pour soutenir l'arche. *t*, œil de la couronne pour donner de la chaleur à l'arche. *u*, joue en terre glaise ou petit mur pour garantir les ouvriers de la chaleur des ouvraux. *v*, ouvrier passant la canne par l'ouvroir pour prendre de la matiere dans le pot. *x*, banc. *y*, marbre.

2. *a*, ouvrier portant des briques pour la construction du four. *b b*, briques crues prêtes à être posées.

3. Ouvriers occupés à broyer dans un tonneau de la terre provenant des raclures des briques crues & pulvérisées pour la liaison des briques du four.

4. Briques posées pour sécher.

5. Ouvriers occupés à poser en liaison des briques pour la construction du four. *a*, ouvrier ou maçon posant une planche sur la brique en liaison, & frappant avec force sur la planche pour extraire de la liaison le trop de mortier. *b*, planche. *c c c*, carreaux de brique en liaison. *d*, maçon ôtant avec la truelle le trop de mortier sortant du joint des briques.

PLANCHE V.

Moules & proportions des briques pour la construction du four.

Fig. 1. Chassis pour les grandes briques du fond. *a*, épaisseur & largeur de la brique.

2. Chassis pour les briques de l'œil du tisard. *b*, proportion & mesure de la brique.

3. Chassis pour les briques des piliers de la couronne. *c*, épaisseur & largeur de la brique.

4. Autre chassis pour les briques des piliers de la couronne. *d*, proportion de la brique.

5. Chassis pour les briques de la couronne ou voûte. *e*, proportion de la brique.

6. Chassis pour les briques en claveaux de la couronne. *f*, proportion des briques.

7. Batte de bois pour frapper la terre.

8. Brique rouge pour le premier massif.

9. Action d'emplir un petit moule de terre à brique.

PLANCHE VI.

Fig. 1. Ouvriers occupés à piler dans une auge de bois de la terre glaise seche pour la formation des briques & des pots. *a*, ouvrier remuant la terre glaise avec une pelle. *b b*, autres ouvriers qui pilent cette terre. *c*, pelle. *d*, marteau de bois ou pilon. *e*, petits balais pour nettoyer l'auge.

2. Ouvrier mêlant dans une caisse de planches la terre glaise avec de l'eau pour l'humecter, & avec de la pilure d'anciens pots pour la corriger.

PLANCHE VII.

Fig. 1. Ouvrier occupé à piler dans des mortiers faits de troncs d'arbre, des morceaux de vieux pots, pour les mêler avec de la terre glaise.

Fig. 2. Autre ouvrier occupé à tamiser dans un tonneau la poussiere des vieux pots pilés, pour la mêler ensuite avec la terre glaise pour la corriger.

3. Femmes occupées à briser un vieux pot retiré du four, pour en ôter le verre restant au fond & pour le donner à piler. *a*, vieux pots. *b*, partie de verre restant au fond du pot. *c c c*, morceaux de vieux pots brisés. *d*, auge de bois où l'on met les morceaux de verre retirés du vieux pot.

4. Outils servant à piler. *a*, marteau de fer pour piler. *b*, petit marteau ou fendoir. *c c*, morceaux de pelle de bois pour fouiller dans les mortiers. *d*, petit balai pour nettoyer le mortier.

PLANCHE VIII.

Fig. 1. Ouvriers occupés à taper avec des maillets de bois la motte de terre pour former le fond du pot. *a*, motte de terre. *b*, partie où les ouvriers frappent pour élargir le fond. *c*, noyau que l'on laisse au milieu pour écraser insensiblement & élargir le fond suivant la largeur donnée. *d*, fond de bois pour former les pots & les laisser sécher dessus. *e*, poussiere de vieux pots seche pour empêcher les pots de s'attacher sur le fond. *f*, baquet renversé, sur lequel on travaille le pot.

2. Ouvrier occupé à former des rouleaux de terre, pour élever les bords du pot. *a*, rouleaux prêts à servir.

3. Ouvriers occupés à élever les bords du pot, avec des rouleaux de terre glaise destinés à cet usage. *a*, ouvrier posant bien joint le rouleau sur le bord relevé du fond. *b*, ouvrier grattant avec les doigts pour lier les joints des rouleaux. *c*, fond du pot. *d*, fond du bois sur lequel se forment les pots. *e*, baquet renversé.

4. Jauge pour la hauteur & le diametre du pot. *a b*, diametre du pot. *c d*, hauteur du pot.

PLANCHE IX.

Outils du Maître Tiseur.

a, Grande casse de fer, ou espece de cuillere servant à transporter dans le four d'un pot à l'autre, le verre fondu & avec le manche pour remuer les pots dérangés, & les transporter de la calcaise dans le four. *b*, rable de fer, avec lequel on remue la fritte de la composition pour cuire dans la calcaise, & le manche servant au même usage que celui de la casse. *c*, crochet pour ouvrir les ouvraux du four. *d*, pique ou pioche pour dégager les ouvertures des ouvraux tisards. *e*, grand pilot servant à remuer le verre dans les pots & à l'écumer. *f*, fourchette de fer, pour mettre les marchandises à l'arche. *g*, pelle à ébraiser dans la cave & sous le four. *h*, petits pilots pour piler le groisil dans les auges. Ces outils sont répétés de diverses grandeurs pour le service des petites Verreries à pivette. *i i i*, plans des ferraces, avec la maniere dont elles sont enchaînées l'une à l'autre, pour pouvoir les retirer par le cabinet de l'arche avec la marchandise cuite qu'elles contiennent. *l*, coupe d'une ferrace. *m*, vue d'une ferrace de face avec son crochet. *n*, vue de profil de deux ferraces avec leurs crochets. Ces ferraces se mettent ordinairement par la petite porte de l'arche qui est au-dessus du four, & se retirent par le cabinet de l'arche pleines de marchandises, & alternativement qu'elles sont vuides, on les retransporte à la même petite porte pour les remplir. *o*, grande pince de fer, pour remuer les pots pleins de verre dans le four & autres gros ouvrages.

PLANCHE X.

Fig. 1. Plan de la calcaise ou four à cuire les pots. *a a*, massif en brique pour soutenir la voûte. *b*, intérieur de la calcaise. *c*, entrée. *d*, tisard pour échauffer la calcaise. *e*, ouverture qui communique la chaleur du tisard à la calcaise.

2. Coupe de la calcaise à cuire les pots. *a*, voûte en brique de la calcaise. *b b*, massif qui soutient la

voûte de la calcaife. *c*, entrée de la calcaife. *d*, intérieur de la calcaife. *e*, tifards ou chemins deftinés à faire du feu. *f*, communication du tifard pour donner de la chaleur à la calcaife.

Fig. 3. Ouverture de la calcaife pour en retirer le pot cuit & le mettre au four remplacer un autre brifé. *a*, maître tifeur qui a foin de l'entretien du four en général pour la conftruction, pour les réparations, pour la fourniture & façon des pots, & la compofition du verre, tenant le bout de la planche prêt à recevoir le pot rouge fortant de la calcaife, & conduire ainfi les autres tifeurs ou porteurs de pots jufqu'à l'entrée du four & y placer le pot. *b*, planche au bout de laquelle on porte le pot. *cc*, tifeurs ou porteurs levant le pot de deffus fes briques à la cuiffon pour le pofer fur le bout de la planche, opération qui fe fait avec le bout des caffes. *d*, entrée de la calcaife qui eft bouchée de briques à clairevoie pendant la cuiffon du pot. *ee*, barres de fer ou ceintres foutenant les briques de l'entrée de la calcaife. *f*, intérieur de la calcaife. *g*, pots cuits. *h*, briques foutenant les pots à la cuiffon. *i*, tifards par où on échauffe la calcaife.

PLANCHE XI.

Fig. 1. *a*, ouverture faite au four pour en retirer le vieux pot caffé. *b*, vieux pots que l'on retire du four. *c*, maître tifeur retirant avec la grande pince le vieux pot du four. *d*, joue ou petit mur de terre glaife, fervant à garantir les ouvriers de la chaleur des ouvraux. *e*, ouvraux par où les ouvriers puifent la matiere dans le pot. *f*, tablette devant l'ouvrau. *g*, entrée de l'arche au-deffus du fourneau. *h*, ouverture pour donner de l'air à l'arche.

2. *a*, maître tifeur nettoyant le banc ou place du pot, avec la caffe ou grande cuillere de fer. *b*, banc ou place du pot. *c*, intérieur du four. *dd*, pots pleins de verre au fond du four. *e*, vieux pot caffé fortant du four. *f*, ouvraux. *g*, joues. *h*, banc.

PLANCHE XII.

Fig. 1. *a*, maître tifeur jettant des pelotes de terre glaife mêlée avec de la paille dans le plus profond du four pour raccommoder le banc. *b*, entrée du four. *c*, banc fur lequel doit être placé le nouveau pot. *d*, intérieur du four. *eee*, pots rangés dans le four. *f*, pile de conftruction en brique pour foutenir la couronne du four. *g*, tas de terre glaife pour raccommoder le four. *h*, baquet plein d'eau pour peloter la terre glaife.

2. *a*, maître tifeur relevant un pot qui a baiffé avec le manche de la caffe. *bb*, tifeurs aidant le maître tifeur à relever le pot. *c*, intérieur du four. *ddd*, pots. *ee*, piles de conftruction pour foutenir la couronne. *f*, banc ou place du pot. *g*, maffif du banc.

PLANCHE XIII.

Fig. 1. *a*, maître tifeur raccommodant le banc pour placer le pot avec des groffes pelotes de terre, avec une groffe pelle de bois, qui, quand il l'a renverfée avec force fur le banc, frappe deffus pour l'égalifer avec les autres. *b*, tifeur qui forme les pelotes de terre glaife pour les fervir au tifeur. *c*, intérieur du four. *d*, pot vu dans l'intérieur du four. *e*, banc raccommodé. *f*, maffif du banc. *g*, baquet plein d'eau pour rafraîchir la pelle chaque fois que l'on met une nouvelle pelote deffus. *h*, pelote de terre glaife préparée pour raccommoder le four.

2. Tifeurs occupés à former le bonhomme qui fert à foutenir le petit mur de terre glaife que l'on fait pour fermer le four quand on y a pofé le pot, & pour garantir le maître tifeur de la chaleur du four, lequel bonhomme eft conftruit de deux morceaux de bois courbes, fur lequel on cloue des douves de tonneaux. *a*, tifeur clouant les douves fur les courbes. *b*, tifeur foutenant les courbes pour faciliter à clouer les douves deffus. *cc*, courbes. *ddd*, douves de tonneaux clouées fur des courbes. *ee*, douves. *f*, jeune ouvrier apportant des douves.

PLANCHE XIV.

Fig. 1. Tifeurs portant le pot fortant de la calcaife pour le cuire dans le four. *a*, maître tifeur tenant le bout de la planche & conduifant le pot au four. *bb*, tifeurs portant le pot; ils font habillés avec un farrau de groffe toile bourré de paille & de terre glaife pour empêcher la chaleur du pot contre lequel ils font de les brûler, & ils ont la tête couverte d'un chapeau rabattu, auffi couvert de terre glaife, pour leur garantir le vifage & la tête. *c*, planche fur laquelle eft le pot. *d*, pot fortant de la calcaife & que l'on porte au four. *e*, bâton fervant à porter la planche & le pot. *f*, banc ou place du pot que l'on va pofer qui eft couvert de braife. *g*, intérieur du four. *h*, pots vus dans le four.

2. Conftruction du mur de terre glaife pour fermer la grande ouverture du four. *a*, maître tifeur fermant la grande entrée du four par un petit mur de terre glaife appuyé fur le bonhomme. *b*, bonhomme placé devant le pot pour empêcher la chaleur d'incommoder la conftruction de la fermeture du four. *c*, pelote de terre glaife conftruifant la fermeture du four. *d*, tifeur jettant de la braife & de la cendre entre le pot & le bonhomme pour l'empêcher de brûler pendant la conftruction du petit mur pour la fermeture du four. *e*, intérieur du four. *fff*, pots placés dans le four. *g*, tas de terre glaife pour la fermeture du four. *hh*, piles de brique fervant à foutenir la couronne. *i*, maffif du banc.

PLANCHE XV.

Fig. 1. Plan de la calcaife pour cuire les frittes ou compofition du verre. *a*, maffif en brique foutenant la voûte de la calcaife. *b*, intérieur du four ou calcaife. *cc*, lignes ponctuées qui marquent le tifard ou foyer. *d*, cheminée ou paffage de la chaleur dans la calcaife. *e*, entrée du four ou calcaife.

2. Coupe du four ou calcaife où l'on cuit les frittes ou compofition du verre. *a*, intérieur du four ou calcaife. *b*, entrée de la calcaife. *c*, voûte de la calcaife. *d*, chemin du tifard ou foyer. *e*, paffage de la chaleur dans la calcaife.

3. Vue en perfpective du four ou calcaife avec la cuiffon des frittes. *a*, entrée de la calcaife conftruite en brique. *b*, ceintre de fer pour foutenir l'entrée. *c*, intérieur de la calcaife. *d*, compofition ou fritte cuifant dans la calcaife. *e*, maître tifeur remuant la fritte ou compofition dans la calcaife, & la ramenant à mefure qu'elle eft cuite dehors de ladite calcaife avec le grand rable de fer. *f*, fritte ou compofition cuite refroidiffant pour être mêlée avec du groifil ou verre caffé, & enfuite mife au pot dans le four pour fondre.

PLANCHE XVI.

Fig. 1. Homme & femme occupés à laver le groifil ou verre caffé dans un panier en le remuant dans un baquet plein d'eau. *a*, grand feau pour apporter l'eau du puits. *b*, tonneau plein de groifil. *c*, baquet plein de lavage. *d*, manne ou panier dans lequel on lave le groifil.

2. Homme & femme occupés à choifir les morceaux de verre caffés. *a*, panier pour le lavage. *b*, tonneau plein de verre caffé. *c*, tas de groifil.

3. Homme & femme portant au lavage un panier plein de groifil fur une barre.

PLANCHE XVII.

Fig. 1. Tiſeurs mêlant dans la caiſſe le groiſil & la fritte pour la tranſporter enſuite au four dans les pots de fonte. *a*, grande caiſſe pour mêler la fritte avec le groiſil. *b*, panier de groiſil ou verre caſſé. *c*, pelle ou échope pour porter la compoſition au four.

2. Maître tiſeur occupé à mettre la compoſition dans le pot au four pour fondre. *a*, grand ouvrau du pot de fonte. *bb*, pile de brique pour ſoutenir la couronne du four. *c*, maſſif de conſtruction du four.

PLANCHE XVIII.

Différens outils pour travailler le verre.

Fig. 1. Canne pour ſouffler le verre. *a*, élévation de la canne. *b*, coupe de la canne. *c*, trou de la canne par lequel paſſe le vent pour enfler les poſtes ou bouteilles. *d*, partie évaſée de la canne pour faire la cueillie de la poſte dans le pot.

2. Pontis ou tringle de fer pour attacher ſous les verres & refermer leurs ouvertures. *aa*, extrêmité du pontis que l'on tient à la main. *b*, pointe du pontis que l'on trempe dans le verre pour attacher ſous la bouteille & verre.

3. Auge de bois pour recevoir les recoupes.

4. Moules cannelés & ſimples pour ſouffler les poſtes & les façonner.

5. Marbre ou plaque de fer fondu pour rouler les poſtes, afin de les unir.

6. Banc ſur lequel s'aſſeyent les maîtres pour façonner & ouvrir les verres. *aa*, bardelle aſſemblée dans le banc ſur lequel les maîtres roulent & appuient la canne. *b*, planchette pour garantir les cuiſſes des maîtres de la chaleur. *c*, tringle de fer clouée à la bardelle pour l'empêcher de s'uſer. *d*, ſiege du banc. *ee*, clous auxquels on accroche les pinces & ciſeaux pour le travail. *f*, cire jaune ſur laquelle on frotte la pince échauffée pour empêcher le verre de s'y attacher pendant le travail. *ggg*, piés du banc.

7. Repréſentant les différentes pinces & ciſeaux pour façonner le verre. *a*, pince ſimple. *b*, ciſeaux pour couper & égaliſer le verre. *c*, pince à fleur. *d*, pince à pointe. *e*, pince à coquille. *f*, pince à pointe recourbée.

PLANCHE XIX.

Façon d'un verre à patte.

Fig. 1. *aa*, maître tiſeur remuant la compoſition avec le pilot dans le pot de fonte.

2. *a*, maître qui cueille la matiere avec ſa canne, laquelle cueillie ſe nomme *poſte*. *bb*, joues pour garantir de la chaleur de l'ouvrau. *c*, ouvrau ou trou par lequel on fait les cueillies. *d*, marbre. *e*, table de l'ouvrau.

3. Ouvrier roulant la poſte ou cueillie ſur le marbre pour l'unir. *a*, banc. *bb*, bardelle. *c*, marbre.

4. Ouvrier ſoufflant la poſte ou cueillie dans le moule pour la façonner. *a*, canne. *b*, poſte dans le moule. *c*, moule.

5. Maître formant la pointe du calice du verre, & en coupant un petit bouton rond de ladite pointe pour y placer le bouton. *a*, banc. *b*, pinces & ciſeaux accrochés au banc. *c*, cire attachée au banc pour rafraîchir la pointe. *d*, canne. *e*, auge à recoupes.

6. *a*, petit garçon tenant la canne où eſt le bouton du verre & la préſentant au maître. *b*, maître prenant la canne du petit garçon avec ſa pince, & l'adaptant au calice du verre. *c*, bouton s'attachant au calice du verre. *d*, ciſeau & pince accrochés au banc pour le travail. *e*, marbre poſé à terre pour rouler le verre. *ff*, bardelle pour rouler la canne.

7. Maître donnant la forme au bouton avec ſa pince. *a*, banc. *b*, ciſeau & pince accrochés au banc. *cc*, bardelle.

8. Ouvrier formant la patte du verre prête à être adap-

tée au bouton. *a*, partie formant la patte du verre. *b*, canne. *c*, moule.

PLANCHE XX.

Fig. 1. Maître coupant la patte du verre adaptée au bouton en mouillant la pince avec de la ſalive, & l'appuyant ſur le verre chaud, & donnant enſuite avec le haut de la pince un coup ſec pour en ſéparer la canne du grand garçon. *aa*, bardelle. *b*, banc. *c*, canne. *d*, maître. *e*, grand garçon. *f*, grande auge à groiſil. *g*, petite auge de recoupe ſous le banc du maître.

2. Maître ouvrant la patte du verre & formant le rebord. *aa*, bardelle. *b*, banc. *c*, canne. *d*, petite auge à recoupe.

3. *a*, petit garçon poſant le pontis ſous la patte du verre. *b*, pontis. *c*, maître ayant mouillé la pince avec la ſalive, appuyé ſur la poſte qui fait l'ouverture du calice du verre, & donnant un coup ſec ſur ſa canne avec le manche de ſa pince, & le porter enſuite au chauffage pour l'ouvrir. *dd*, bardelle. *e*, canne. *f*, tête du banc. *g*, auge à recoupe ou groiſil.

4. Maître faiſant chauffer à l'ouvrau le calice du verre pour en égaliſer enſuite les bords & l'ouvrir. *aa*, joues pour garantir le maître de la chaleur de l'ouvrau. *b*, ouvrau où le maître fait chauffer le calice du verre. *c*, pontis tenant ſous la patte du verre. *d*, bande de fer avec des crochets pour tenir le pontis & aider l'ouvrier au chauffage. *e*, tablette de l'ouvrau.

5. Maître roulant le pontis ſur le banc doucement, pour couper & égaliſer le haut du calice du verre. *a*, pontis roulant ſur la bardelle. *b*, bardelle. *c*, maître occupé à couper le bord du calice. *d*, auge pour recevoir les recoupes.

6. *a*, maître occupé à faire l'ouverture & à former le calice du verre. *b*, ouverture du calice du verre. *cc*, bardelle. *d*, pontis. *e*, tête du banc. *f*, auge à recoupe. *g*, verres finis prêts à être mis à l'arche. *h*, ouvrau. *i*, joue de l'ouvrau. *l*, petit garçon mettant le verre ſur la ferrace dans l'arche avec la fourchette. *m*, fourchette. *n*, verre ſur la fourchette. *o*, entrée de l'arche. *pppp*, barre de fer ſoutenant l'arche. *q*, portes en tôle de l'entrée de l'arche. *r*, piliers en brique pour ſoutenir la couronne de l'arche.

PLANCHE XXI.

Cette Planche comprend l'opération de filer.

Fig. 1. Les tubes de barometre. *a*, maître ayant ſoufflé la poſte & la roulant ſur le banc. *p*, poſte. *c*, canne. *d*, banc.

2. Jeune ouvrier ayant formé le pontis pour recevoir la poſte & l'applatiſſant ſur le marbre poſé ſur le banc. *a*, pontis. *b*, marbre. *c*, banc.

3. Maître & petit garçon rafraîchiſſant le bout de la poſte & le pontis pour les attacher enſemble. *a*, maître. *b*, petit garçon. *c*, canne où eſt attachée la poſte. *d*, pontis. *e*, baquet où rafraîchiſſent le pontis & la poſte.

4. *a*, Maître poſant la poſte ſur le pontis. *b*, petit garçon recevant ſur le pontis la poſte. *c*, pontis. *d*, poſtes.

5. Maître & petit garçon filant la poſte pour former les tubes de barometre, ce qui ſe fait en marchant doucement chacun de ſon côté, & faiſant poſer en ſe baiſſant chacun de ſon côté ſur des bûches ou pivettes poſées à diſtance égale pour les recevoir. *a*, maître tirant le pontis. *b*, poſte poſée ſur le pontis & ſe filant. *c*, fil de la poſte prenant la forme d'un tube creux, parce que la poſte a été ſoufflée avant d'être filée ou tirée. *d*, petit garçon tenant la canne & aidant à tirer. *e*, canne. *ff*, tube poſé ſur les bûches ou pivettes pour les faire refroidir. *ggg*, bûches ou pivettes pour recevoir les tubes.

6. Maître & petit garçon occupés à couper les tubes de

de longueur avec une pierre à fuſil pour être mis en paquets. *a a*, jeunes ouvriers coupant les tubes. *b*, maître tranſportant les paquets de tubes. *c c c c*, tubes prêts à être coupés. *d d d d*, bûches ou pivettes pour recevoir les tubes.

PLANCHE XXII.

Fig. 1. Débouchés de l'arche pour recuire les marchandiſes où les commis les reçoivent & reprennent en compte. *a*, ceintre de l'arche conſtruit en brique. *b b*, portes de l'arche par leſquelles on paſſe les verres faits pour les mettre ſur les ferraces. *c*, œil du four pour donner de la chaleur dans l'arche. *d*, intérieur de l'arche. *e e e e*, ferraces chargées de marchandiſes qui recuiſent, & que l'on tire l'une après l'autre en les déchargeant pour refroidir peu - à - peu la marchandiſe & être miſe en compte par les commis. *f f*, commis prenant la marchandiſe de l'arche en compte, pour être tranſportée au magaſin, emballée & envoyée à ſa deſtination. *g g*, caiſſes de planches pour dépoſer la marchandiſe provenant de l'arche. *h h*, panier plein de marchandiſe pour être tranſportée au magaſin.

Fig. 2. Commis portant les paniers pleins de marchandiſe au magaſin pour les emballer. *a a a*, commis. *b b*, paniers chargés de marchandiſe. *c c*, marchandiſe ou verrerie de toute eſpece.

VERRERIE EN BOIS,

O U

GRANDE VERRERIE A VITRES OU EN PLATS, DITE A PIVETTE,

Contenant vingt-quatre Planches à cauſe de cinq doubles;

SECONDE SECTION.

PLANCHE Iere.

*F*IGURE 1. Extérieur d'une halle de grande Verrerie à plats pour les vitres. *a*, halle de la grande Verrerie. *b*, petite halle ſervant d'entrée à la grande Verrerie. *c*, berceau compoſé de feuillages, ſous lequel les gentilshommes verriers prennent le repos & le frais. *d*, gentilshommes verriers prenant le frais. *e*, bâtimens ou magaſins ſervant à ſerrer les marchandiſes & à faire les pots. *f*, petite mare d'eau ſervant à rafraîchir les fers, poches, pinces, & autres uſtenſiles pour le ſervice du four. *g*, fers & poches ſur le bord de la mare. *h*, verres emballés dans le panier prêt à partir.

2. Plat de verre prêt à être emballé. *a*, œil de bœuf, ou noix faiſant le centre du plat.

3. Plat de verre emballé dans le panier. *a*, plat de verre. *b*, paille ſervant à ſoutenir le plat dans le panier pour l'empêcher de ſe caſſer. *c*, bâtis du panier à emballer les plats de verre.

PLANCHE II.

Cette Planche repréſente l'intérieur d'une halle de grande Verrerie à plats pour les vitres, dite *à pivette*. *a a a*, conſtruction en charpente de la halle. *b b*, four occupant le centre de la halle. *c c*, calcaiſe à cuire les pots. *d*, calcaiſe à cuire les frittes ou compoſitions du verre. *e*, tonnelle ou paſſage pour arriver à la glaie. *f*, cheminée pour jetter les pivettes ou bois ſecs du haut en-bas de la halle. *g g g*, poche, pince, & autres uſtenſiles néceſſaires pour le ſervice de la Verrerie; elles ſont les mêmes que celles marquées à la petite Verrerie, Planche IX. cependant d'une plus grande proportion du quart environ. *h h h*, pivette ou bois coupé en petits morceaux d'environ dix-huit pouces, ſéchant ſur le haut du four. *i*, pivette ou bois ſec prêt à être mis au four. *l*, béquet pour retourner les boſſes, & mettre le pontis pour former les plats. *m*, chaudiere de fer, dans laquelle on met ſe ſel qui ſurnage ſur la ſurface des pots de verre dans le four. *n*, tiſeur portant de la pivette ou bois pour chauffer le four. *o*, cueilleur occupé à tremper le bout de la ſelle ou canne dans le four. *p*, gentilhomme qui alonge le cueillage à l'auge. *q*, gentilhomme roulant la ſeconde chaude ſur le marbre. *r*, gentilhomme ſoufflant la boſſe ſur le crénio ou auge de maçonnerie. *ſ*, gentilhomme portant le plat à la pelote. *t*, *t*, four à recuire les plats. *u*, crénio ou auge en maçonnerie. *x*, marbre ſur lequel on roule les chaudes ou boſſes. *y*, auge de bois pleine d'eau ſervant à alonger les cueillages.

Nº. 9.

PLANCHE III.

Cette Planche repréſente le plan général d'une halle de grande Verrerie à vitres ou à plats, avec le plan du four & toutes ſes dépendances. *a*, plan du four. *b*, *b*, *b*, *b*, paſſage ou trou deſſous chaque ouvrau pour donner de l'air dans le four. *c*, *c*, tonnelle ou paſſage pour arriver à la glaie. *d*, *d*, partie de la tonnelle où l'on conſtruit la glaie ou paſſage pour le bois dans le four. *e*, *e*, *e*, *e*, maſſifs de conſtruction qui ſoutiennent les calcaiſes à cuire les pots. *f*, plan du béquet. *g*, *g*, chaudiere de fer pour mettre les ſels ſuperflus des pots. *h*, *h*, *h*, *h*, lignes ponctuées qui marquent la conſtruction de charpente de la halle de la Verrerie. *i*, tambour ou cheminée pour précipiter le bois ſec du haut de la halle en-bas. *l*, *l*, fours particuliers pour recuire les bouteilles. *m*, *m*, autres fours pour recuire les plats pour les vitres. *n*, pelote ou tas rond fait avec de la braiſe fine mêlée avec de la cendre, applati par le haut pour poſer les plats faits, & enſuite les mettre recuire dans le four. *o*, grande auge de bois pleine d'eau deſſus laquelle on alonge le cueillage. *p*, marbre ou plaque de fer fondu ſur lequel on roule les chauffages pour former la boſſe; cette plaque ou marbre eſt poſé ſur un tronc d'arbre & fait un plan incliné. *Voyez* ſa diſpoſition & ſon ſervice aux Planches IX & X, *figures* 1 & 2. *q*, *q*, petits ſieges de bois faits d'un tronc d'arbre ſur leſquels s'aſſeyent les gentilshommes pour faire la boſſe. *r*, *r*, crénios ſur le bord deſquels on ſouffle la boſſe & qui reçoivent les briſures de verre caſſé. *ſ*, *ſ*, petits baquets ſoutenus ſur troncs d'arbre, dans leſquels il y a de l'eau pour prendre avec le ferret & inciſer la boſſe. *t*, *t*, *t*, *t*, portes d'entrée de la halle.

PLANCHE IV.

Cette Planche repréſente les deux plans des différens étages du four d'une grande Verrerie à plats ou à vitres.

Fig. 1. Plan d'un four d'une grande Verrerie à vitres au niveau des ſieges, pots & ouvraux. *a*, pot du grand ouvrau. *b*, pots des ſels de gras. *c*, pot de derriere. *d*, pot à bouteille. *e*, pots des ſels des petits ouvraux. *f*, pot de devant. *g*, tiſard ou foyer. *h*, *h*, *h*, *h*, ſieges ſur leſquels ſont les pots. *i*, *i*, glaie. *l*, tonnelle. *m*, *m*, ouvraux pour les bouteilles. *n*, *n*, grands ouvraux pour les plats de verre. *o*, maſſifs de conſtruction pour ſoutenir les calcaiſes à cuire les pots. *p*, bout d'en-haut. *q*, bout d'en-bas.

2. Plan au niveau des calcaiſes. *a*, tiſard ou foyer. *b*, *b*, ſiege ſur lequel on met les pots. *c*, *c*, calcaiſes à

B

cuire les pots. *d*, calcaife pour cuire les frittes. *e*, *e*, *e*, paffage ou œil pour communiquer la chaleur anx calcaifes.

PLANCHE V.

Fig. 1. Coupe générale d'une grande Verrerie à vitres en plats. *a*, four coupé fur la largeur. *b*, tifard ou partie où l'on met le feu. *c*, *c*, *c*, œil de bœuf pour donner la chaleur dans les calcaifes. *d*, *d*, coupes des pots. *e*, *e*, *e*, trous pour donner de l'air au feu dans le tifard. *f*, *f*, ouvraux.

2. Maniere dont on couvre les halles de grande Verrerie avec de petites planches de dix-huit pouces environ de longueur fur quatre pouces de large. *a*, *a*, *a*, *a*, petites planches fervant à couvrir les halles. *b*, *b*, *b*, *b*, chevilles de bois qui retiennent les petites planches fur les lattes.

3. Profil de la couverture pofée fur un chevron. *a*, *a*, profils des lattes. *b*, *b*, *b*, profils des chevilles pofant fur les lattes. *c*, *c*, *c*, lattes clouées fur les chevrons. *d*, profil d'un chevron.

4. Coupe des pots, du plus grand & du plus petit : il y en a qui tiennent la moyenne proportionnelle entre deux. *a*, rebord du pot par lequel on l'accroche par les ouvraux pour les mettre fur le fiege. *Voyez* Planche XVIII. *b*, intérieur du pot.

PLANCHE VI.

Cette Planche repréfente les coupes fur la longueur & largeur du four, & plufieurs outils dont on ne fe fert pas dans la petite Verrerie à pivette.

Fig. 1. Coupe fur la longueur du four prife fur la ligne *p*, *q*, Pl. IV. *a*, intérieur de la voûte du four où font les pots. *b*, *b*, *b*, ouvraux pour prendre la matiere dans les pots. *c*, *c*, *c*, pots fur la banquette. *d*, *d*, *d*, trous par où le four reçoit de l'air. *e*, *e*, glaies ou paffages pour mettre le bois dans le four. *f*, *f*, petits trous en-haut de la glaie pour donner de l'air au four. *g*, *g*, tonnelles ou entrées pour la glaie. *h*, *h*, coupes des deux calcaifes pour les frittes. *i*, *i*, paffage ou œil pour communiquer la chaleur du four dans les calcaifes. *l*, *l*, entrées extérieures des calcaifes pour y mettre cuire les compofitions. *m*, fiege fur lequel font les pots.

2. Coupe fur la largeur du four. *a*, intérieur de la voûte du four. *b*, *b*, *b*, œils ou trous pour communiquer la chaleur du four dans les calcaifes. *c*, *c*, coupe des pots. *d*, glaie par laquelle on paffe le bois pour le chauffage du four. *e*, *e*, trous pour donner de l'air au four par deffous les pots. *f*, *f*, ouvraux pour prendre la matiere dans les pots & la travailler. *g*, intérieur du four où l'on met le bois pour le chauffer. *h*, les deux maffifs de maçonnerie en brique qui enveloppent les calcaifes.

3. Bion, outil avec lequel on incife, c'eft-à-dire couper le col de la bouteille. *a*, bout par lequel le gentilhomme la tient. *b*, pointe du bion avec lequel on prend la goutte pour la pofer fur le col de la boffe, & par ce moyen former l'incifion.

4. Canne ou felle avec laquelle on prend le verre dans le pot, ce que l'on appelle cueillir pour former la boffe. *a*, bout de la canne que l'on plonge dans le verre. *b*, garniture du bout oppofé pour tenir la canne & fouffler la boffe.

5. Coupe d'une canne ou felle. *a*, partie intérieure que l'on trempe dans le verre qui eft évafée pour donner plus de vent dans la boffe. *b*, garniture du bout de la canne.

6. Fer ou pontis qui fert à retourner la boffe & ouvrir les plats. *a*, bout du pontis pour tenir le plat. *b*, garniture en bois du bout du pontis.

7. Crochet qui fert à la ramaffeufe de verre pour tirer à elle les effais de verre chaud que l'on jette par terre. *a*, manche en bois du crochet. *b*, bout du crochet.

8. Grand crochet de fer pour accrocher les pots par les ouvraux & les pofer fur le fiege. *a*, bout du crochet pour accrocher les pots. *b*, bout par lequel les tifeurs le tiennent.

Fig. 9. Piece de planche de chêne qui fert à ouvrir les boffes pour en faire les plats; les ouvriers la nomment *branche*. *a*, partie de la branche que l'on met dans la boffe pour en faire l'ouverture. *b*, bout par où le tifeur ou garçon le tient pour l'ouvrir.

PLANCHE VII.

Fig. 1. Vue en perfpective intérieure de la tonnelle & de la glaie, avec le détail de leurs conftructions. *a*, paffage de la tonnelle. *b*, pelote de terre glaife fervant de fermeture à la glaie. *c*, partie de la glaie par où l'on paffe le bois dans le four.

2. Vue perfpective du béquet, ou place fur laquelle on coupe l'incifion de la boffe pour la retourner & y mettre le pontis, afin de faire le chauffage & l'ouverture de la boffe, & en former les plats. *a*, *a*, deux parties de pierre pour recevoir la boffe. *b*, partie faite en coin pour féparer la boffe d'avec la canne. *c*, *c*, maffif de maçonnerie pour foutenir la forme du béquet. *d*, autre maffif de maçonnerie pour foutenir le coin du béquet.

3. Garçon ou tifeur occupé à rouler fur le petit marbre du verre autour de la tête du pontis, pour le donner enfuite au gentilhomme verrier. *a*, maniere dont le petit marbre eft retenu dans la conftruction du four. *b*, *b*, petits corbeaux de fer qui foutiennent le marbre.

4. *a*, Marbre en proportion.

PLANCHE VIII.

Fig. 1. Cueilleur occupé à mettre la felle ou canne dans le pot pour faire le cueillage. *a*, joue pour empêcher la chaleur du grand ouvrau d'incommoder les gentilshommes. *b*, partie du grand ouvrau.

2. Gentilhomme qui alonge le cueillage à l'auge. *a*, auge de bois pleine d'eau fur laquelle on alonge le cueillage. *b*, caffe appuyée fur deux échiquiers le long de l'auge pour foutenir la canne. *c*, canne au bout de laquelle eft le cueillage. *d*, gentilhomme alongeant le cueillage à l'auge.

PLANCHE IX.

Fig. 1. Gentilhomme roulant fur le marbre la premiere chaude, ainfi appellée parce que c'eft la premiere fois qu'on porte réchauffer le cueillage au four. *a*, gentilhomme roulant la premiere chaude fur le marbre. *b*, écran que les gentilshommes mettent fur leurs têtes pour les garantir de la grande chaleur des ouvraux. *c*, tronc d'arbre fur lequel eft pofé la table de marbre ou de fonte. *b*, marbre pofé fur le tronc d'arbre.

2. *a*, Gentilhomme roulant & foufflant la feconde chaude fur le marbre. *b*, mitaine que le gentilhomme met pour tourner la canne dans la main & le préferver de la grande chaleur. *Voyez* la Planche XIX. *fig.* 2 & 3. *c*, marbre fur lequel on roule la feconde chaude. *d*, tronc d'arbre fur lequel eft pofé le marbre.

PLANCHE X.

Fig. 1. *a*, Gentilhomme roulant la troifieme chaude fur le marbre. *b*, felle ou canne au bout de laquelle eft le cueillage. *c*, marbre fervant à rouler le cueillage. *d*, tronc d'arbre fur lequel eft le marbre.

2. *a*, Gentilhomme occupé à former le col de la boffe. *b*, fiege fur lequel le gentilhomme s'affied pour fouffler la boffe. *c*, petit baquet plein d'eau pofé fur un tronc d'arbre, pour prendre avec le bion une goutte d'eau & incifer la boffe. *d*, tronc d'arbre pour foutenir le petit baquet. *e*, crénio pour recevoir les caffures de verre. *f*, *f*, *f*, bords du crénio conftruit en brique. *g*, barre de fer pour foutenir & former le col de la boffe.

P L A N C H E XI.

Fig. 1. *a*, Gentilhomme formant la noix à la boſſe. *b*, ſiege. *c*, baquet pour inciſer. *d*, tronc d'arbre qui ſoutient le baquet à inciſer. *e*, barre de fer pour former la noix à la boſſe. *f*, boſſe deſſus la barre de fer à laquelle ſe forme la noix en tournant. *g*, crénio pour recevoir les verres caſſés.

2. *a*, Gentilhomme ſoufflant la boſſe ſur le crénio. *b*, petit baquet plein d'eau pour inciſer la boſſe. *c*, tronc d'arbre pour ſoutenir le petit baquet. *d*, barre de fer pour ſoutenir la canne. *e*, boſſe. *f*, crénio.

P L A N C H E XII.

Fig. 1. *a*, Gentilhomme occupé au grand ouvrau du four à foncer la boſſe, c'eſt-à-dire faire chauffer le fond de la boſſe afin de l'applatir. *b*, joue ou petit mur pour empêcher la grande chaleur d'incommoder les gentilshommes. *c*, ouverture du grand ouvrau. *d*, échancrure faite à la joue pour ſoutenir la canne. *e*, béquet ſur lequel on retourne la boſſe pour placer le pontis.

2. *a*, Gentilhomme occupé à inciſer le col de la boſſe. *b*, bion en action d'inciſer le col de la boſſe. *c*, barre de fer ſur laquelle poſe la canne. *d*, crénio pour recevoir les verres caſſés. *e*, ſiege ſur lequel s'aſſeyent les gentilshommes.

P L A N C H E XIII.

Fig. 1. *a*, Gentilhomme occupé à inciſer, c'eſt-à-dire ſéparer le col de la boſſe d'avec la canne, enſuite le retourner ſur le béquet pour y placer le pontis, c'eſt-à-dire rogner. *b*, bion du manche duquel on ſe ſert pour ſéparer la boſſe de la canne. *c*, trait noir qui marque l'endroit de l'inciſion ſur le col de la boſſe. *d*, béquet ſur lequel on retourne la boſſe pour placer le pontis. *e*, coin du béquet ſervant à ſéparer le col de la boſſe.

2. *a*, Gentilhomme occupé à placer le pontis ou ferret à la noix de la boſſe, c'eſt-à-dire attacher. *b*, pontis placé à la noix de la boſſe. *c*, coin du béquet.

P L A N C H E XIV.

Fig. 1. *a*, Ferrotier ou garçon occupé à faire chauffer la boſſe au grand ouvrau pour la brancher ou l'ouvrir. *b*, pontis placé à la noix de la boſſe. *c*, grand ouvrau. *d*, joue pour garantir de la chaleur.

2. Gentilhomme occupé à brancher, c'eſt-à-dire ouvrir la boſſe en tournant deſſus la branche ou planche qui lui ſert à l'ouvrir. *b*, pontis qu'il tient à la boſſe par la noix. *c*, branche ou planche tenue par le ferrotier ou garçon. *d*, garçon ou ferrotier qui tient la planche pour aider au gentilhomme à l'ouvrir.

P L A N C H E XV.

Fig. 1. *a*, Gentilhomme occupé à ouvrir au grand ouvrau la boſſe pour en former le plat. Cette opération ſe fait très-vivement en tournant le pontis avec la boſſe. *b*, boſſe s'ouvrant au four en tournant. *c*, joue pour garantir les gentilshommes de la grande chaleur. *d*, ouverture du grand ouvrau.

2. *a*, Gentilhomme occupé à tourner vigoureuſement la boſſe déja ouverte pour finir de l'étendre & en faire un plat ou table de verre, enſuite le porter à la pelote, ce que l'on nomme *porter à la pelote*. *b*, ſervice de la mitaine dont ſe ſert le gentilhomme pour tourner le plat. *c*, plat de verre prêt à être mis ſur la pelote. *d*, pelote ou tas applati de la grandeur du diametre du plat pour recevoir le plat fini. Ce tas eſt compoſé de cendre & petite braiſe mêlées.

P L A N C H E XVI.

Fig. 1. *a*, Gentilhomme occupé à poſer le plat fait ſur la pelote, ce que l'on nomme *peloter*. *b*, plat de verre fini poſé ſur la pelote pour être mis enſuite dans le four pour recuire. *c*, pelote ou tas compoſé de cendre & petite braiſe.

Fig. 2. *a*, Gentilhomme occupé à mettre avec la fourchette dans le four à recuire les plats finis qu'il a pris ſur la pelote. *b*, plat de verre ſur la fourchette pour être mis dans le four à recuire. *c*, pelote ſur laquelle on vient de prendre le plat. *d*, entrée du four. *e*, pile de plats de verre qui recuiſent dans le four. *f*, fourchette pour mettre les plats de verre dans le four.

P L A N C H E XVII.

Fig. 1. Maniere dont les porteurs & tiſeurs tirent le pot hors de l'arche pour le tranſporter dans le four étant tout rouge. *a*, *a*, les deux porteurs qui aident à le tirer hors du four. *b*, *b*, deux tiſeurs travaillant auſſi à retirer le pot hors du four pendant que les porteurs le ſoutiennent ſur leurs épaules. *c*, pot rouge ſortant de l'arche. *d*, *d*, *d*, caſſe, perche, & pince ſervant à tranſporter les pots. *e*, maître tiſeur conduiſant tout l'ouvrage du tranſport du pot. *f*, ouverture de la calcaiſe à cuire les pots.

2. Maniere dont on porte le pot dans le four. *a*, *a*, porteurs. *b*, *b*, autres porteurs pour aider les premiers à ſoutenir le fardeau : ces quatre portent réellement le pot avec des barres de fer ſur leurs épaules, dont les deux marqués *a a* ont la tête & partie du corps dedans ; ils ſont, pour empêcher l'action du feu, habillés d'un double ſarrau de voiturier mouillé, entre deux deſquels il y a force paille & terre glaiſe, la tête couverte d'un double chapeau garni auſſi de terre glaiſe ; ils ne voient pas clair, & ſont conduits avec leur fardeau par les tiſeurs juſque dans le four. *c*, *c*, *c*, *c*, tiſeurs faiſant faire baſcule au pot ſur les épaules des porteurs & les conduiſant au four. *d*, maître tiſeur conduiſant tout l'ouvrage, les tiſeurs & les porteurs pour tranſporter le pot au four. *e*, *e*, caſſes & autres uſtenſiles propres à porter le pot. *f*, pot ſuſpendu par les caſſes pour être porté dans le four.

P L A N C H E XVIII.

Fig. 1. Vue en perſpective de l'intérieur du four pour faire voir l'opération de mettre le pot deſſus le ſiege en l'élevant par la glaie & l'accrochant par l'ouvrau. *a*, pot prêt à être poſé ſur le ſiege. *b*, ouvrau au-travers duquel on enleve avec le crochet le pot pour le mettre ſur le ſiege. *c*, glaie ouverte par laquelle on a paſſé le pot, & qui ſert encore à le mettre ſur le ſiege. *d*, morceau de bois ou fourche qui ſert de point d'appui, pour ſoutenir une autre traverſe de baſcule pour enlever le pot. *e*, grande pince de fer ou baſcule. *f*, autre barre de fer en crochet paſſée par l'ouvrau pour accrocher le pot par ſon bord & l'enlever ſur le ſiege. *g*, *g*, *g*, tiſeurs occupés à enlever le pot. *h*, *h*, autres tiſeurs occupés à faire baſcule par la glaie. *i*, intérieur de la voûte du four. *l*, *l*, petits ouvraux pour puiſer dans les pots. *m*, glaie du fond du four. *n*, *n*, *n*, pots à verres. *o*, *o*, ſieges ſur leſquels ſont placés les pots. *p*, *p*, trous par leſquels l'air paſſe dans le four. *q*, joue pour garantir les gentilshommes de la chaleur.

2. *a*, Femme ou ramaſſeuſe de verre. *b*, crochet de fer qui ſert à traîner le verre. *c*, gâteau de verre ou eſſai pris dans les pots avec la caſſe par le maître tiſeur pour en voir la qualité.

P L A N C H E XIX.

Fig. 1. Mitaine. *a*, bout de bras tenant le touret de la mitaine. *b*, piece de tôle ſervant d'écran au bras pour garantir de la chaleur, appellée *mitaine*. *c*, touret dans la main. *d*, échancrure à la mitaine pour ſoutenir les cannes dans leurs opérations.

2. *a*, Touret ſéparé de la mitaine. *b*, partie de cuir qui ſert à enclaver le touret dans la mitaine.

Fig. 3. *a*, Mitaine fans le touret. *b*, échancrure pour rouler la canne. *c*, partie du cuir pour enclaver dans le touret.

4. *a*, Chemife que les gentilshommes mettent pour travailler.

5. Ecran que les gentilshommes mettent fur leur tête pour fe garantir les yeux & le vifage de la chaleur. *a*, ceintre de bois qui fait le tour de la tête fur lequel eft attachée la toile qui fert d'écran. *b*, cordage qui fert à ferrer le ceintre pour faire tenir l'écran fur la tête. *c*, toile attachée fur le ceintre qui fert d'écran.

V E R R E R I E   E N   B O U T E I L L E S

CHAUFFÉE EN CHARBON DE TERRE,

Contenant treize Planches à caufe de trois doubles ;

T R O I S I E M E   S E C T I O N.

V E R R E R I E   F R A N Ç O I S E.

EXPLICATION des Plans, Coupes & Elévations de la Verrerie de Seve près de Paris, conftruite pour être chauffée avec du charbon de terre, & les explications des opérations pour faire les bouteilles.

P L A N C H E   Iere.

FIGURE 1. Intérieur d'une des quatre halles avec un four à bouteilles au centre de la Verrerie royale de Seve. *a*, four conftruit entre les arcades qui fupportent le comble. *b*, glaie ou entrée du four pour y jetter le charbon. *c*, *c*, arche à pot ou petit four pour les cuire. *d*, calcaife pour les frittes ou pour cuire la matiere. *e*, *e*, ouvraux par où on cueille la matiere dans les pots avec la canne. *f*, ouvriers occupés à faire les bouteilles. *g*, maître tifeur portant du charbon au four. *h*, ouvrier portant une bouteille faite au four à recuire. *i*, four à recuire. *l*, caiffe où l'on met les cannes refroidir. *m*, *m*, arcades conftruites pour porter le comble. *n*, comble.

2. *a*, Jeune ouvrier occupé à cueillir le verre avec la canne par l'ouvroir dans le pot : il faut quatre cueillages avant de fouffler la boffe. *b*, canne dont le bout eft dans l'ouvroir pour cueillir le verre. *c*, ouvroir par où l'on prend le verre dans le pot. *d*, petit mur pour garantir l'ouvrier de la chaleur des ouvroirs. *e*, *e*, banquettes. *f*, béquet, endroit où l'on attache le pontis au fond de la bouteille pour faire le col. *g*, *g*, petits arcs par où l'on retourne les pots dans le four.

P L A N C H E   II.

Fig. 1. Ouvrier occupé à refroidir la canne en prenant de l'eau dans un baquet & la jettant deffus. *a*, canne. *b*, baquet. *c*, barre de fer en travers fervant à foutenir la canne. *d*, marbre ou plaque de fonte, fur lequel on unit en tournant la canne la paroifon ou le verre fondu qui eft au bout. *e*, pierre foutenant le marbre.

2. Maître occupé à rouler la paroifon fur le marbre pour lui donner fa premiere forme. *a*, canne. *b*, paroifon au bout de la canne. *c*, marbre fur lequel roule la paroifon. *d*, conftruction ou pierre foutenant le marbre. *e*, moule à fouffler les bouteilles enfoncées dans la terre.

P L A N C H E   III.

Fig. 1. Maître formant le col à la paroifon en la roulant fur le coin du marbre. *a*, canne. *b*, paroifon roulant fur le coin du marbre. *c*, marbre. *d*, barre de fer de fupport. *e*, pierre pour foutenir le marbre. *f*, baquet plein d'eau pour rafraîchir les cannes.

2. Maître occupé à fouffler la paroifon pour la faire gonfler en la roulant fur le marbre pour lui faire prendre la forme d'un œuf. *a*, canne. *b*, paroifon. *c*, barre de fer pour fupporter les cannes en travers. *d*, marbre. *e*, fupport du marbre. *f*, moule à bouteilles enterré.

P L A N C H E   IV.

Fig. 1. Maître occupé à fouffler la paroifon fur un marbre par terre pour commencer à former le cul avant de le mettre dans le moule. *a*, canne. *b*, paroifon. *c*, marbre. *d*, fupport du marbre. *e*, barre de fupport pour tourner la canne. *f*, baquet pour rafraîchir les cannes. *g*, moule enterré.

2. Maître occupé à fouffler la bouteille dans le moule. *a*, canne. *b*, bouteille dans le moule. *c*, moule. *d*, marbre. *e*, fupport du marbre. *f*, barre de fupport pour tourner la canne.

P L A N C H E   V.

Fig. 1. Maître occupé à enfoncer le cul de la bouteille avec la mollette. *a*, canne. *b*, mollette ou fer pointu pour enfoncer le cul des bouteilles. *c*, cul de la bouteille. *d*, marbre ou paupoir. *e*, moule enfoncé dans terre.

2. Maître occupé à rouler fur le marbre le ventre de la bouteille pour lui donner la forme après lui avoir enfoncé le cul. *a*, canne. *b*, bouteille. *c*, marbre. *d*, fupport du marbre.

3. Maître occupé à mettre le pontis ou meule au fond de la bouteille pour lui former le col. *a*, canne. *b*, bouteille. *c*, fupport du béquet. *d*, petit mur pour garantir l'ouvrier de la chaleur du four. *e*, barre de fer garnie de crochets pour foutenir les cannes au chauffage dans le four. *f*, ouvroir. *g*, petit arc pour tourner les pots dans le four. *h*, porte pour fermer l'ouvroir après le travail.

P L A N C H E   VI.

Fig. 1. Maître occupé à former le col de la bouteille, ayant pris avec la cordeline un filet de verre pour le tourner autour du col. *a*, broche. *b*, bouteille. *c*, cordeline ou petite tringle de fer pour prendre un filet de verre & en finir le col. *d*, crochet de fer pour foutenir les cannes. *e*, ouvroir. *f*, petits arcs fous chacun des ouvriers pour retourner les pots. *g*, petit mur pour garantir les ouvriers de la chaleur.

2. Maître occupé à donner la forme à la cordeline ou col de la bouteille. *a*, canne roulant fur les bras de la banquette. *b*, bouteille. *c*, pince pour former le col. *d*, banquette.

3. Pince développée dont fe fert le maître pour former le col de la bouteille. *a*, manche de la pince. *b*, partie de la pince où il y a une rainure. *c*, partie de la pince qui s'enclave dans la rainure.

P L A N C H E   VII.

Fig. 1. Jeune ouvrier mettant la bouteille faite dans le four à recuire. *a*, four à recuire. *b*, ouvroir pour paffer la bouteille. *c*, grille pour chauffer le four.

d,

d, canne. *e*, bouteille. *f*, cannes au refroidiffage. *g*, petits jours au four pour paffer la fumée.

Fig. 2. Ouvrier appellé *gamin* occupé à faire éclater la meule ou refte de verre qui eft à la canne après la bouteille faite. *a*, canne. *b*, meule ou refte de verre attaché à la canne. *c*, marteau de fer pointu que l'on met dans la meule en donnant un coup fec fur un pavé pour la faire éclater. *d*, pavé ou pierre. *e*, caiffe pour mettre le groifil ou verre caffé.

3. Marteau pour faire éclater la meule. *a*, marteau de fer. *b*, manche.

4. Molette de fer pour enfoncer le cul de la bouteille.

PLANCHE VIII.

Plan d'une des quatre halles jointes de la Verrerie royale de Seve près Paris. *a*, plan du four. *b*, pot ovale dont le grand diametre porte en faillie fur la banquette. *c*, grille de fer fur laquelle l'on met le charbon pour le chauffage du four. *d*, glaie ou entrée de la tonnelle fur laquelle eft conftruite l'arche à cendre pour recuire les frittes. *e*, ouvroir. *f*, banquette où les ouvriers travaillent. *g*, tonnelle par où le tifeur chauffe le four. *h*, paffage par où la chaleur fe communique dans les arches à pot. *i*, arche à pot où on les fait cuire pour les mettre dans le four. *l*, halle au centre de laquelle eft conftruit le four. *m*, partie de la halle où les ouvriers travaillent. *n*, arcades de communication. *o*, quatre fours de recuite. *p*, grille des fours de recuite. *q*, partie des fours de recuite où l'on met les bouteilles. *r*, endroit où l'on met les cannes refroidir. *f*, croifée pour éclairer les ouvriers. *t*, porte pour communiquer des halles l'une dans l'autre. *v*, porte de fortie.

PLANCHE IX.

Coupe fur la longueur d'une des quatre halles & de fon four, de la Verrerie royale de Seve près Paris. *a*, coupe fur la longueur du four. *b*, banquette intérieure fur laquelle font pofés les pots. *c*, grille fur laquelle eft pofé le charbon de terre. *d*, pot pofé fur la banquette. *e*, ouvroir par où les ouvriers prennent le verre. *f*, calcaife à fritte pour recuire les matieres. *g*, entrée de la calcaife. *h*, fortie de la fumée de la calcaife. *i*, entrée de la chaleur dans la calcaife. *l*, petit mur au fond de la glaie que l'on démolit pour paffer les pots dans le four; ce petit mur eft appellé l'*arche au tifonnier*. *m*, glaie. *n*, pilier conftruit dans la cave pour foutenir la banquette & le poids des pots. *o*, cave ou paffage de l'air pour donner plus d'action au feu & faire tomber les cendres. *p*, grand mur percé d'arcades fervant de ferme au comble. *q*, mur de féparation des halles. *r*, ouverture à la faîtiere du comble pour paffer la fumée. *f*, comble en charpente. *t*, communication des halles. *u*, arcade. *v*, croifées. *x*, porte de fortie. *y*, four pour recuire les bouteilles.

PLANCHE X.

Fig. 1. Coupe fur la largeur d'une des quatre halles de la Verrerie royale de Seve. *a*, coupe fur la largeur du four. *b*, glaie. *c*, grille fur laquelle on met le charbon pour chauffer le four. *d*, coupe fur la longueur des pots. *e*, paffage de la chaleur dans la calcaife à fritte. *f*, paffage de la chaleur dans les arches à pots. *g*, ouvroir. *h*, petit mur pour garantir les ouvriers de la chaleur du four. *i*, extérieur des arches à pots. *l*, petits arcs par où l'on retourne les pots dans le four. *m*, paffage de la cave. *n*, pilier portant la banquette & le poids des pots. *o*, talut fur lequel travaillent les ouvriers. *p*, four de recuite pour les bouteilles. *q*, paffage de la fumée dans la faîtiere du comble.

2. Plan de la cave. *a*, pilier portant la banquette & le poids des pots. *b*, paffage de la grille. *c*, paffage de la cave.

3. Coupe du four à recuire les bouteilles. *a*, grille. *b*, endroit où l'on place les bouteilles pour les recuire. *c*, partie où l'on met les cannes refroidir.

VERRERIE ANGLOISE,

CONTENANT TROIS PLANCHES.

PLANCHE Iere.

PLAN des fondations d'une halle avec fon four & le bâtiment de fervice d'une Verrerie Angloife. *a*, cave pour le paffage de l'air & pour recevoir la cendre. *b*, pilier qui fupporte les banquettes & les pots. *c*, fondation de la halle & du four à recuire. *d*, bâtiment pour le fervice, & diftribué pour fon utilité. *e*, endroit où l'on pile la matiere.

PLANCHE II.

Plan d'une halle à premier étage avec fon four & fon bâtiment de fervice d'une Verrerie Angloife. *a*, Plan du four. *b*, grille fur laquelle on met le charbon pour échauffer le four. *c*, pot dans le four. *d*, arche à pot pour les recuire avant de les remettre dans le four. *e*, calcaife pour cuire les matieres avant de les mettre dans les pots. *f*, petit four pour recuire les verreries après qu'elles font faites. *g*, porte d'entrée de la halle. *h*, bâtiment diftribué pour le fervice de la Verrerie Angloife. *i*, talut extérieur de la halle pour entrer dans la Verrerie.

PLANCHE III.

Fig. 1. Vue extérieure d'une Verrerie Angloife. *a*, forme extérieure & conique du comble d'une halle de Verrerie Angloife. *b*, bâtiment de fervice pour la Verrerie. *c*, talut ou glacis extérieur pour entrer dans la halle. *d*, extérieur des fours à recuire les bouteilles.

2. Coupe d'une Verrerie Angloife fur la largeur. *a*, cheminée par où s'en va la fumée. *b*, forme intérieure & conique d'une halle. *c*, entrée de la halle. *d*, intérieur du four. *e*, cave. *f*, pot dans le four. *g*, pot qui feche fur le four. *h*, extérieur des arches à pots.

VERRERIE EN GLACES,

OU

MANUFACTURE DE GLACES.

Cette partie de la Verrerie exifte dans un des Volumes précédens, & complette, avec celui-ci, l'Art entier de la *Verrerie*.

Pl. I.

Verrerie en bois, Intérieur d'une Halle de petite Verrerie à pivette ou en bois.

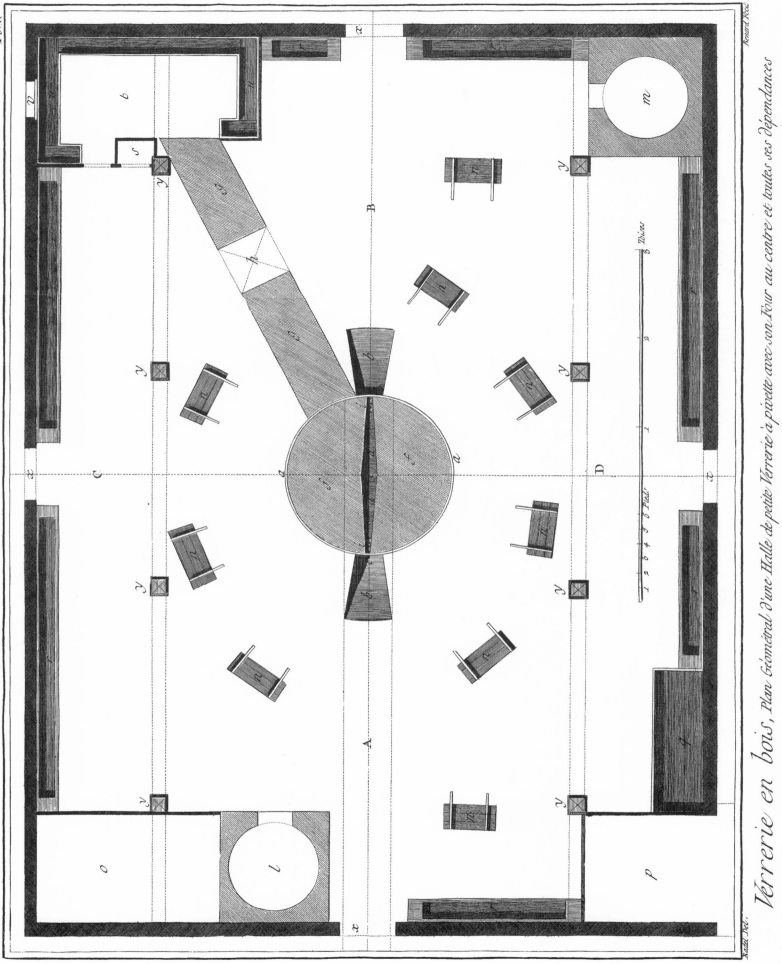

Pl. II.

Verrerie en bois, Plan Géométral d'une Halle de petite Verrerie à pivette avec son Four au centre et toutes ses dépendances.

Radel Del.

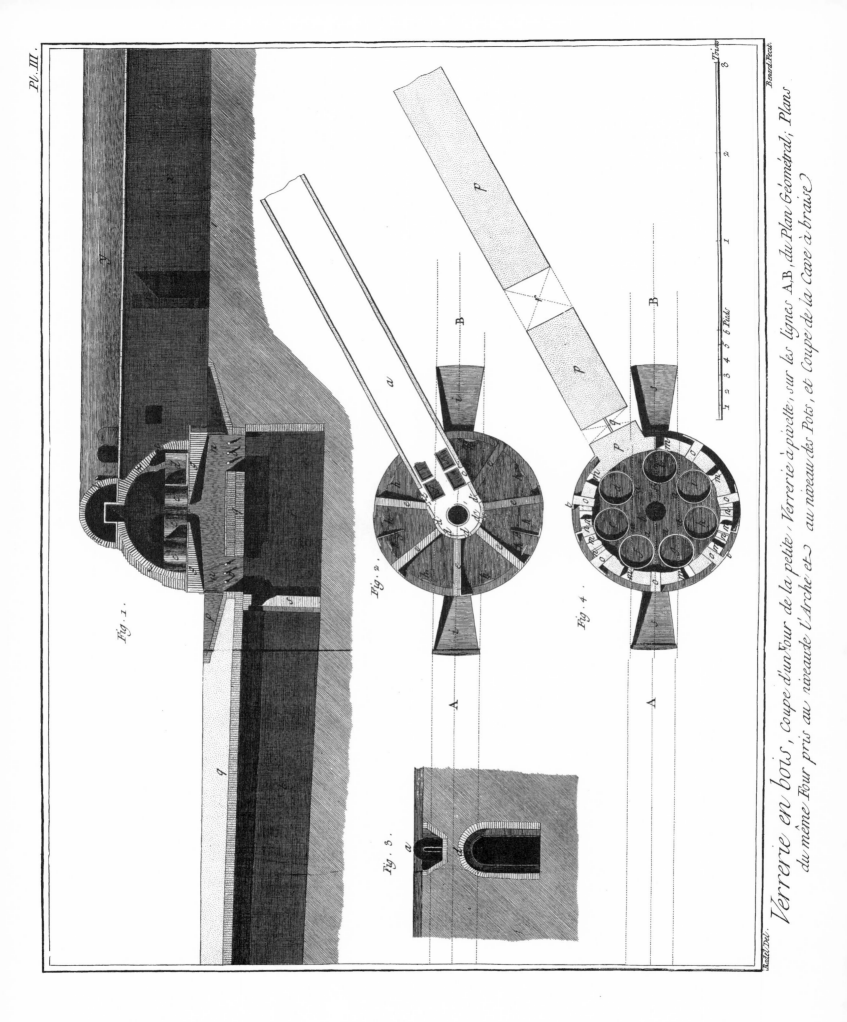

Pl. III.

Fig. 1.

Fig. 2.

Fig. 3.

Fig. 4.

Verrerie en bois, Coupe d'un Four de la petite Verrerie à pivette, sur les lignes A,B, du Plan Géométral; Plans du même Four pris au niveau de l'Arche et au niveau des Pots, et Coupe de la Cave à braise.

Pl. IV.

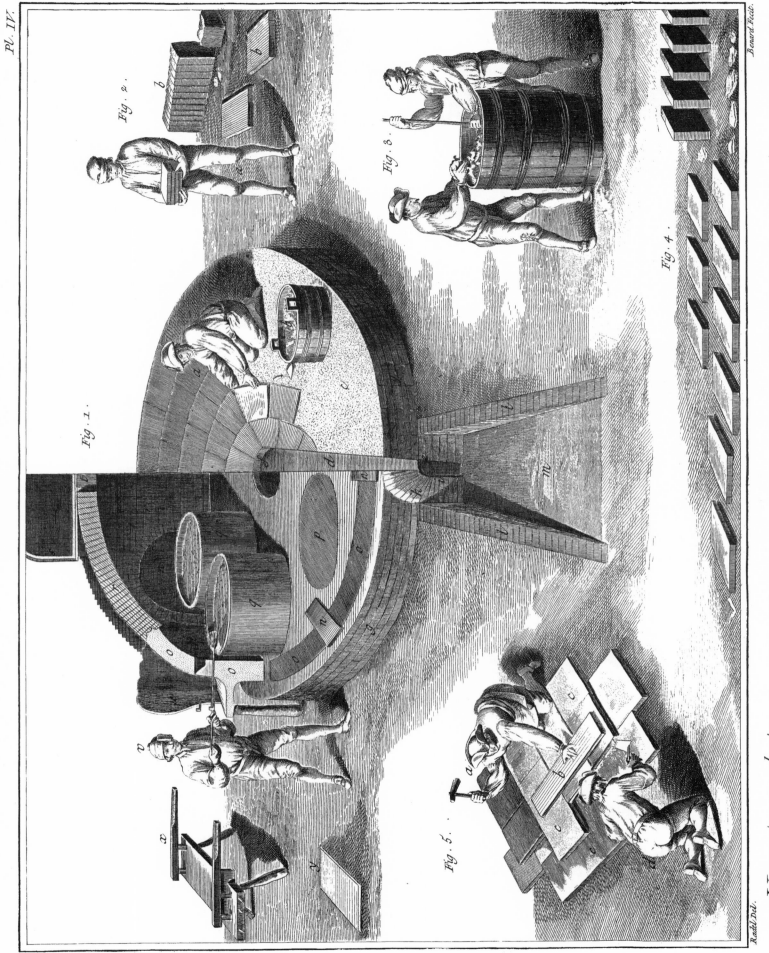

Fig. 1.

Fig. 2.

Fig. 3.

Fig. 4.

Fig. 5.

Radel. Del.

Benard. Fecit.

Verrerie en bois, Plan et Coupe d'un Four de petite Verrerie à pivette, et différentes Opérations relatives à sa construction.

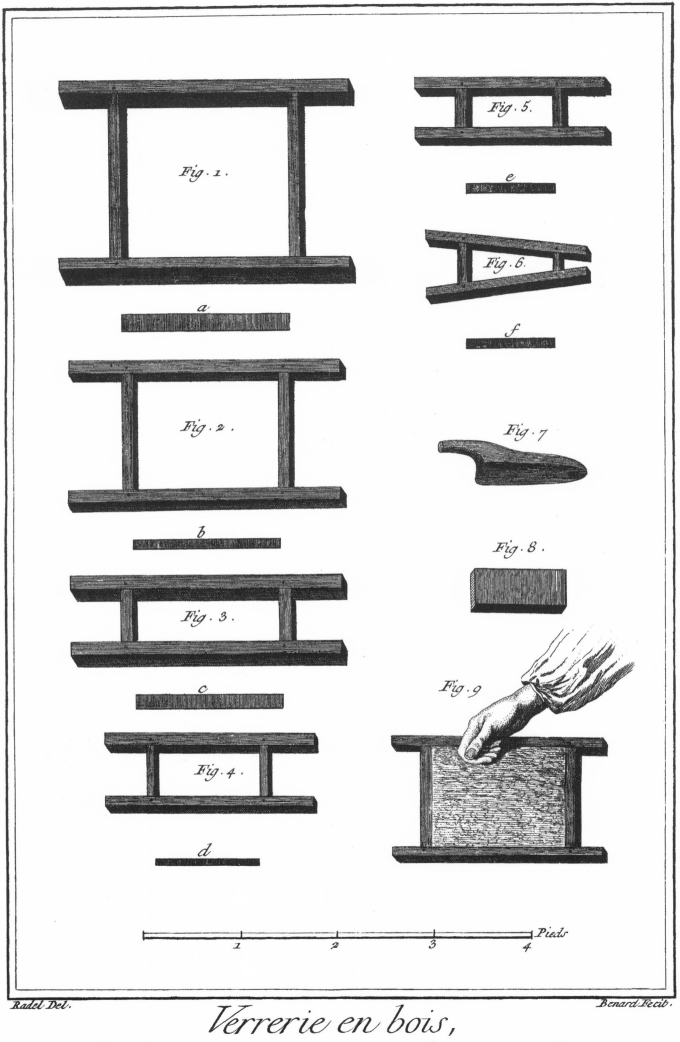

Pl. V.

Fig. 1.

Fig. 5.

a

e

Fig. 2.

Fig. 6.

f

b

Fig. 7.

Fig. 3.

Fig. 8.

c

Fig. 4.

Fig. 9.

d

Pieds

1   2   3   4

Radel Del.

Benard Fecit.

Verrerie en bois,

Moules et proportions des Briques pour la construction du Four.

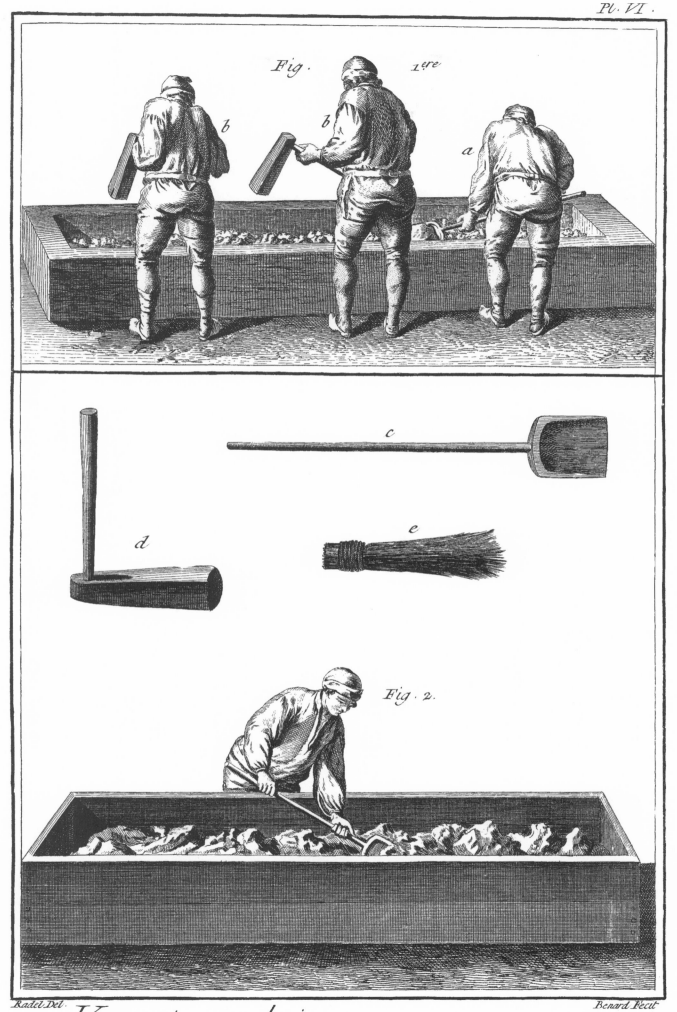

Pl. VI.

Fig. 1ᵉʳᵉ.

Fig. 2.

Radel Del.   Benard Fécit.

Verrerie en bois, l'Opération de Piler dans une auge
de bois de la terre glaise seche pour la formation des Briques et des Pots, et
l'Opération de l'Humecter et de la mêler de pilures d'anciens pots pour la corriger.

Pl. VII.

Fig. 3.

Fig. 4.

Radel Del.

Benard Fecit.

Verrerie en bois, l'Opération de briser les vieux pots,
de les piler et tamiser pour les mêler avec la terre glaise et Outils.

Pl. VIII.

Fig. 1.

Fig. 2.

Fig. 3.

Fig. 4.

Radel Del.

Benard Fecit.

Verrèrie en bois,

Différentes Opérations pour la formation d'un Pot de petite Verrerie à Pivette.

Pl. IX.

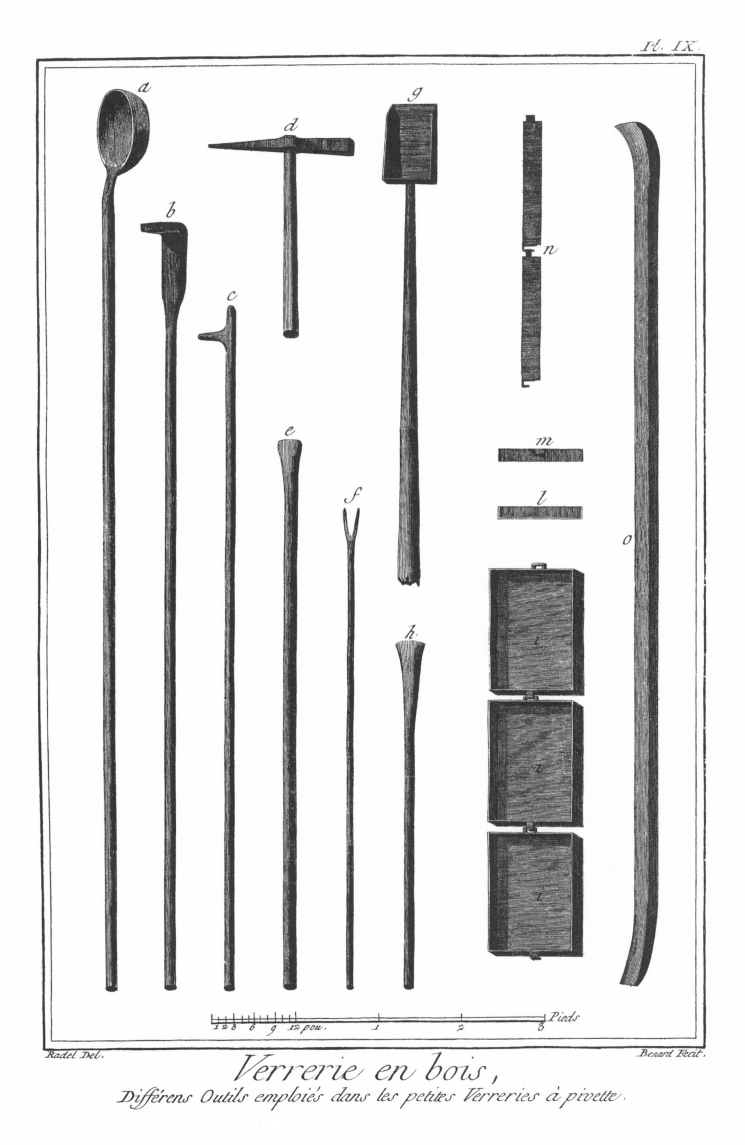

a   *d*   *g*   *n*   *b*   *c*   *e*   *f*   *m*   *l*   *o*   *h*   *i*

1 2 8   6   9   12 *pou.*   1   2   3   *Pieds*

Verrerie en bois,
Différens Outils emploiés dans les petites Verreries à pivette.

Pl. X.

Fig. 1.

Fig. 2.

1 2 3   6 Pieds   1   2   Toises

Radel Del.   Benard Fecit.

Verrerie en bois, l'Opération de recevoir le
Pot rouge sortant de la Carcaise; Plan et Coupe de la Carcaise ou Four à cuir les Pots.

Pl. XI.

Fig. 1.

Fig. 2.

Radel Del.

Benard Fecit.

Verrerie en bois,

l'Opération de retirer le vieux pot cassé et nettoiage du banc.

Pl. XII.

Radel Del.

Benard Fecit.

Verrerie en bois,
l'Opération de racommoder le Banc et de relever les Pots.

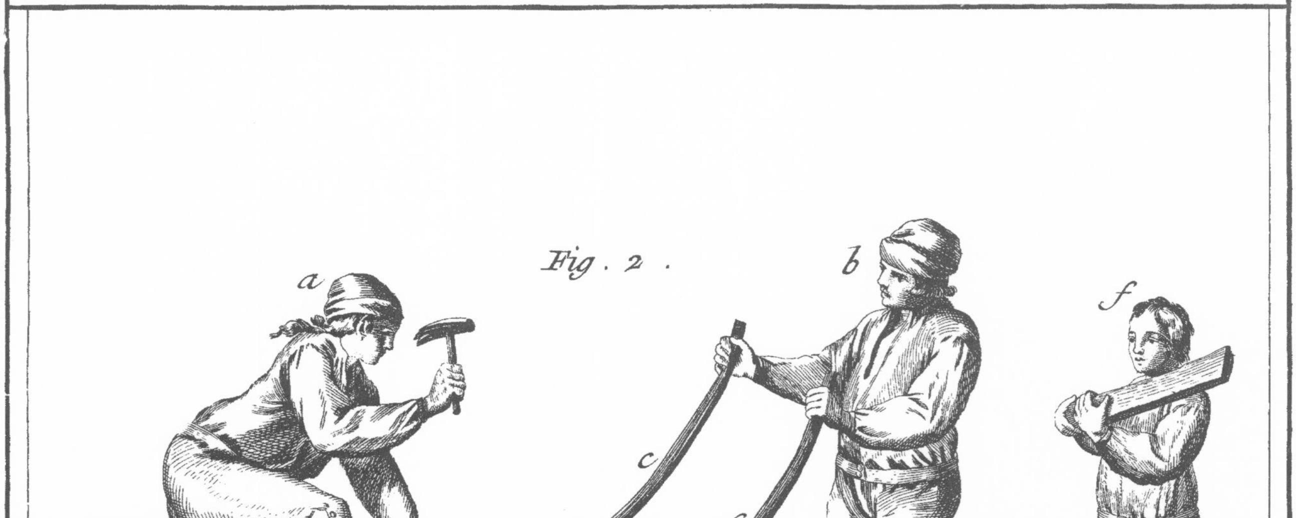

Pl. XIII.

Fig. 1.

Fig. 2.

Radel Del.

Benard Fecit.

Verrerie en bois, l'Opération de raccommoder le Banc du Four,
et construction du Bonhomme qui sert à soutenir le petit mur de terre glaise qui ferme le Four.

Pl. XIV.

Radel Del. Benard Fecit.

Verrerie en bois, l'Opération de transporter les Pots de la Carcaise au Four, et l'Opération de fermer la grande ouverture du Four avec de la terre glaise coutenue par le bonhomme.

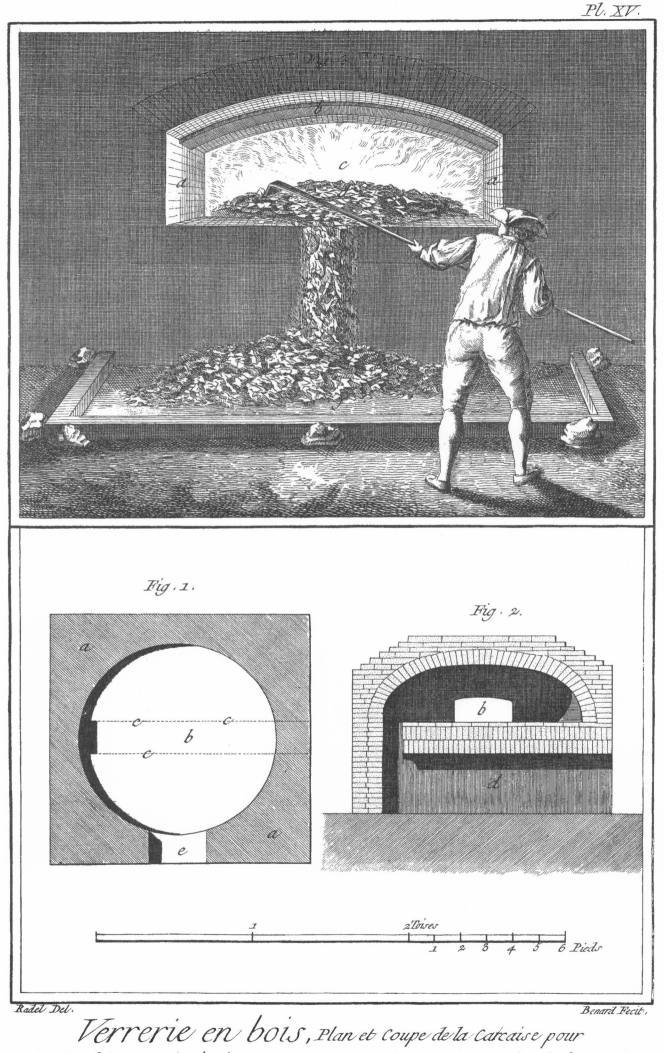

Pl. XV.

Fig. 1.

Fig. 2.

Radel Del.

Benard Fecit.

Verrerie en bois, Plan et Coupe de la Carcaise pour
cuire les frittes, et l'Opération de Ramener en dehors de la Carcaise la fritte cuitte.

Pl. XVI.

Fig. 1.

Fig. 2.

Fig. 3.

Radel Del.

Benard Fecit.

Verrerie en bois, Ouvriers occupés à choisir le
Groisil ou Verre caßé, à le laver et à le porter à la Caiße pour le mêler avec la Fritte.

Pl. XVII.

Fig. 2.

Fig. 1.

Radel Del.

Benard Fecit.

*Verrerie en bois, l'Opération de mélanger le Groisil
et la Fritte, et l'Opération de mettre cette composition dans le pot au Four pour fondre.*

Pl. XVIII.

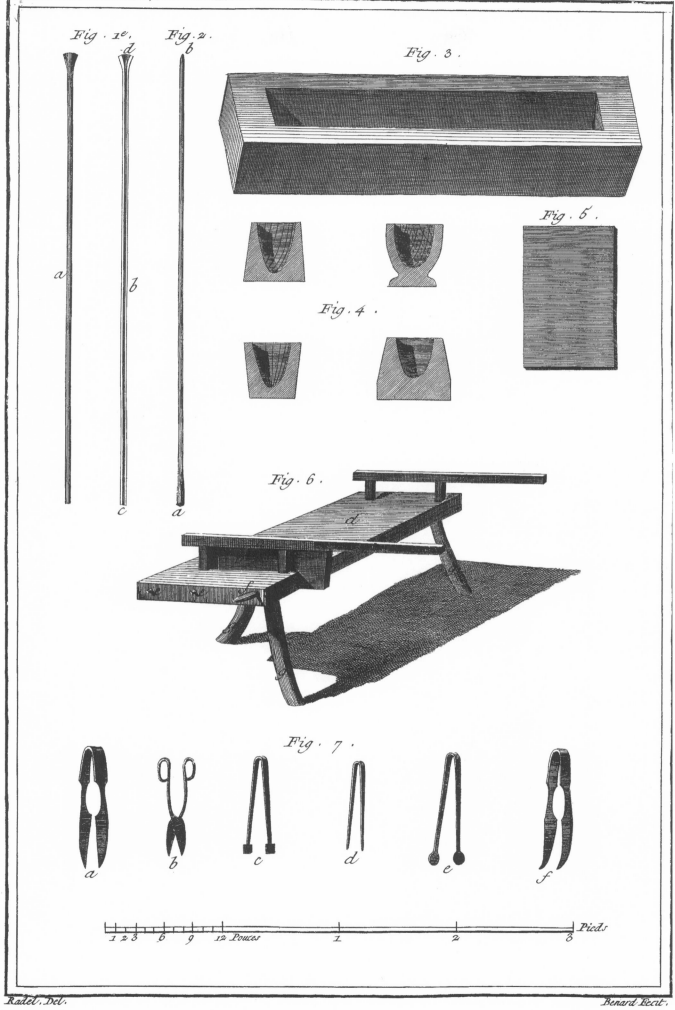

Fig. 1.e.
Fig. 2.
Fig. 3.
d
b
a
b
c
a
Fig. 5.
Fig. 4.
Fig. 6.
d
f
Fig. 7.
a
b
c
d
e
f

1 2 3   6   9   12 Pouces   1   2   3   Pieds

Radel. Del.

Benard Fecit.

Verrerie en bois, Différens Outils pour le travail du Verre.

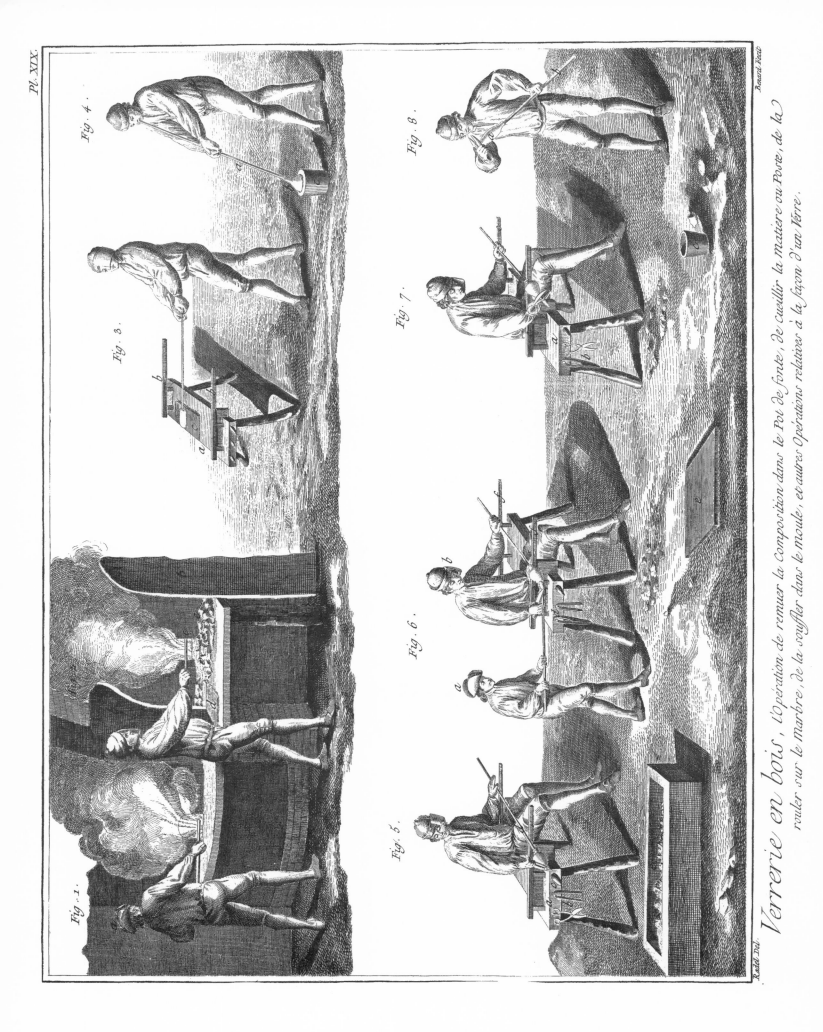

Pl. XIX.

Fig. 4.

Fig. 3.

Fig. 1.

Fig. 8.

Fig. 7.

Fig. 6.

Fig. 5.

Rudel Del.

Bourd. Fecit.

Verrerie en bois, l'Opération de remuer la Composition dans le Pot de fonte, de cueillir la matiere ou Poste, de la
rouler sur le marbre, de la souffler dans le moule, et autres Opérations relatives à la façon d'un Verre.

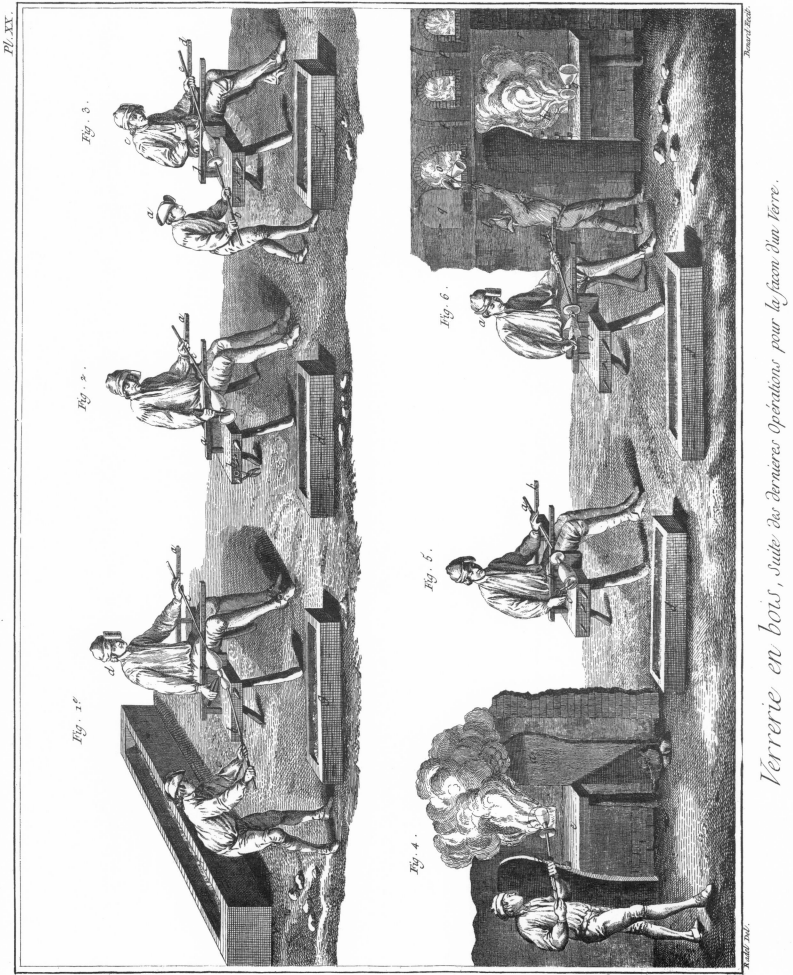

Pl. XX.

Fig. 1.ᵉ

Fig. 2.

Fig. 3.

Fig. 4.

Fig. 5.

Fig. 6.

Radel Del.

Benard Fecit.

Verrerie en bois, Suite des dernieres Opérations pour la façon d'un Verre.

Pl. XXI.

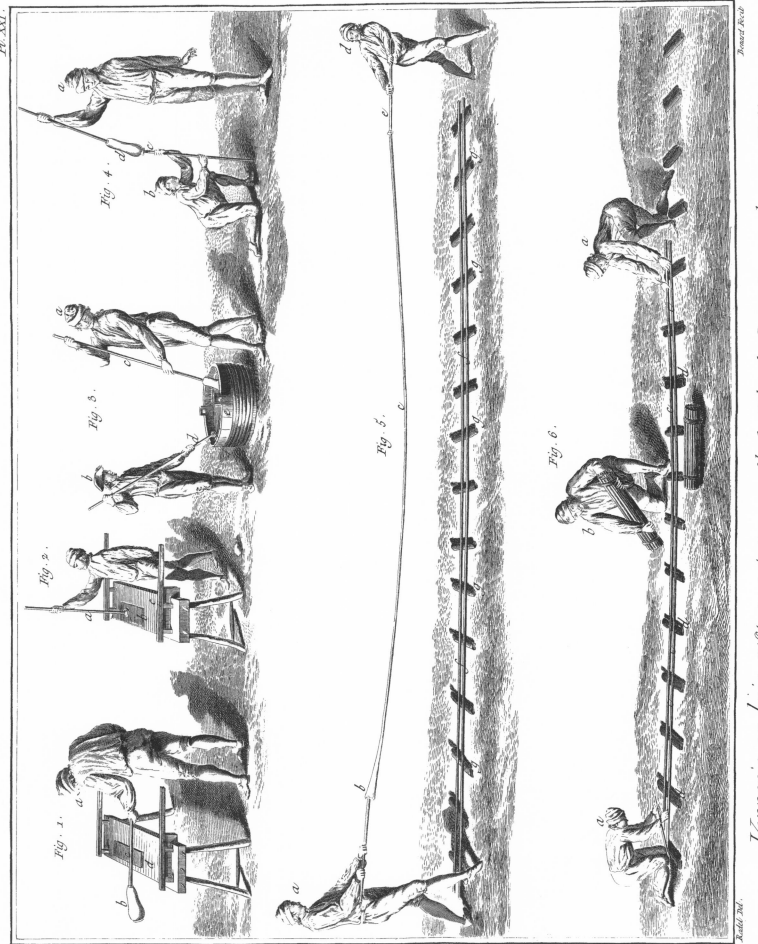

Fig. 1. Fig. 2. Fig. 3. Fig. 4. Fig. 5. Fig. 6.

Verrerie en bois, *Différentes Opérations pour filer les Tubes des Baromètres, pour les couper &c.&c.*

Radel Del. Benard Fecit.

Pl. XXII.

Radel Del.

Benard Fecit.

Verrerie en bois, l'Opération de retirer de l'Arche les
Ferraces remplies de différentes marchandises de Verrerie pour les porter au Magasin.

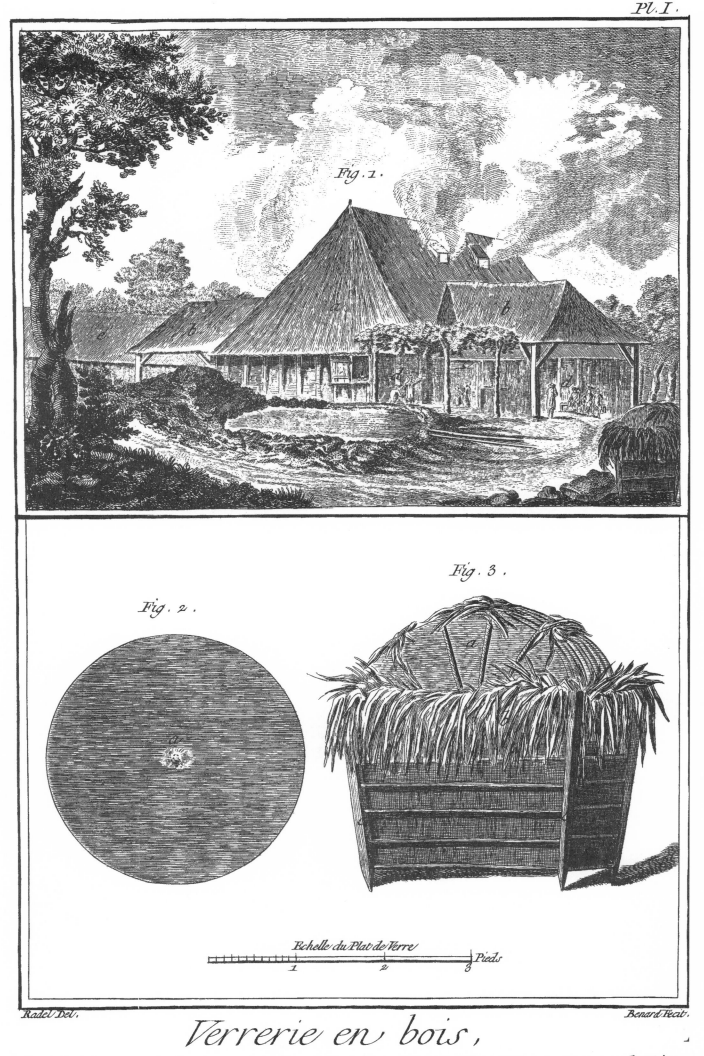

Pl. I.

Fig. 1.

Fig. 2.

Fig. 3.

Echelle du Plat de Verre

1   2   3   Pieds

Radel Del.

Benard Fecit.

Verrerie en bois,

Grande Verrerie à Vitres, ou en Plats. Extérieur d'une Halle, et Plat de Verre emballé.

Pl. II.

Raidel Del.

Benard Fecit.

Verrerie en bois, Grande Verrerie en Plats. Intérieur d'une Halle et différentes Opérations de la Verrerie à Vitres.

B

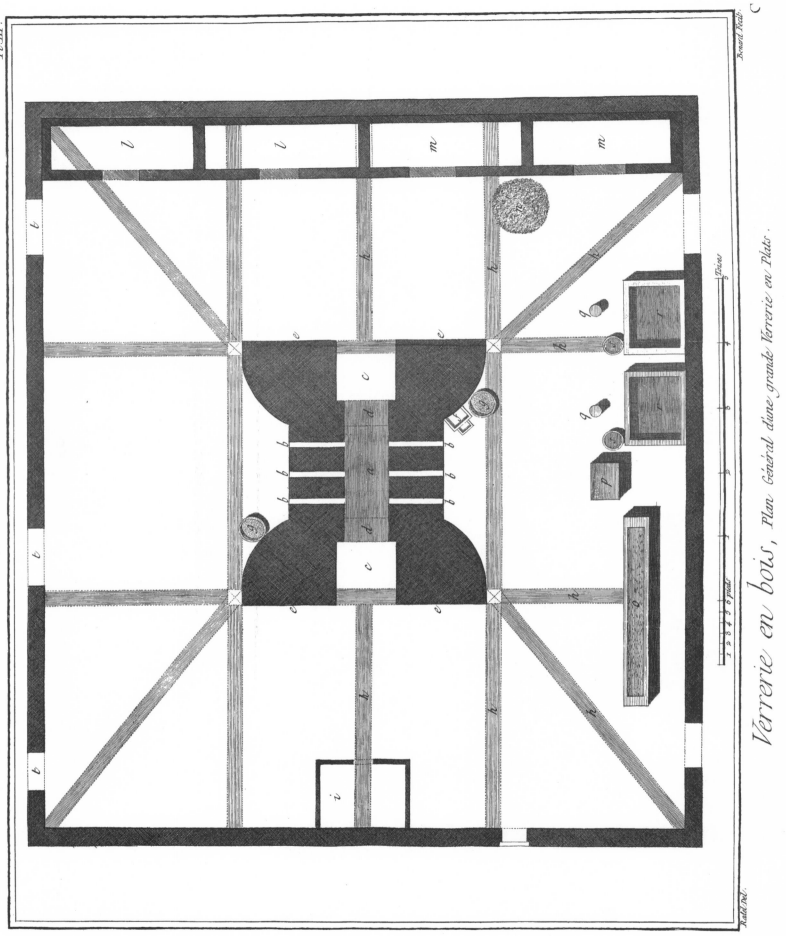

Pl. III.

Verrerie en bois, *Plan Général d'une grande Verrerie en Plats.*

Rads Del.

Benard Fecit.

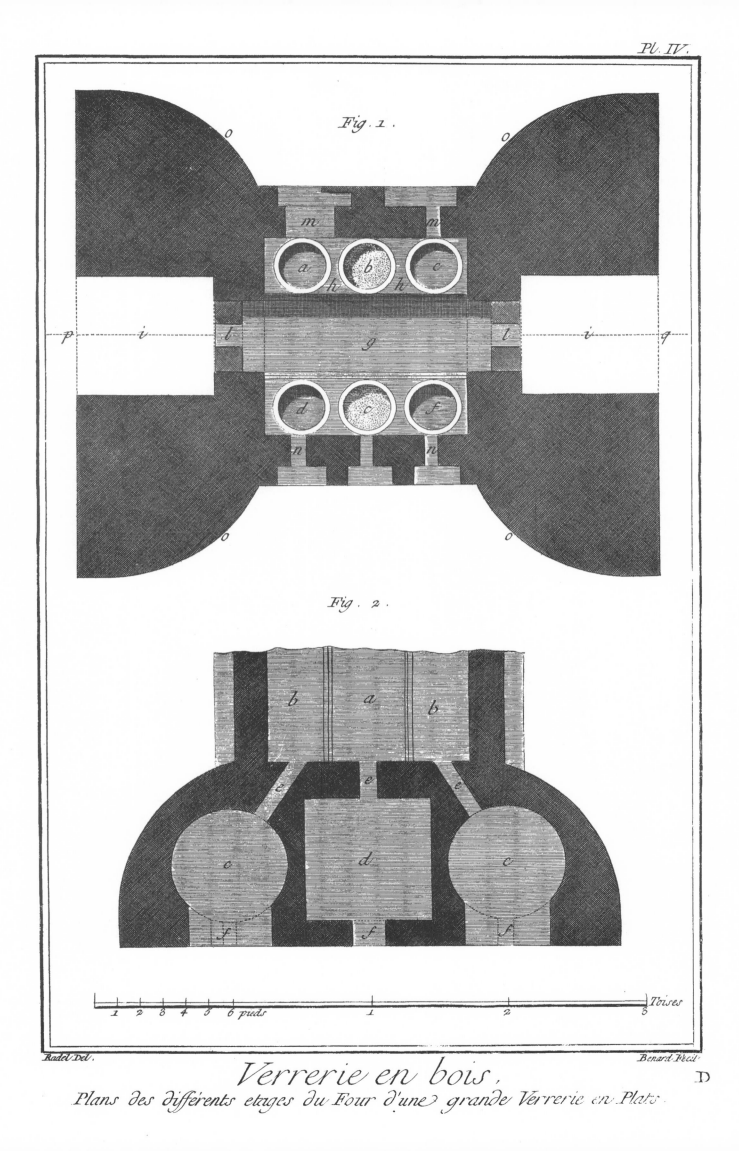

Pl. IV.

Fig. 1.

Fig. 2.

Toises

1 2 3 4 5 6 pieds   1   2   3

Radel Del.

Benard Fecit.

Verrerie en bois,

Plans des différents etages du Four d'une grande Verrerie en Plats.

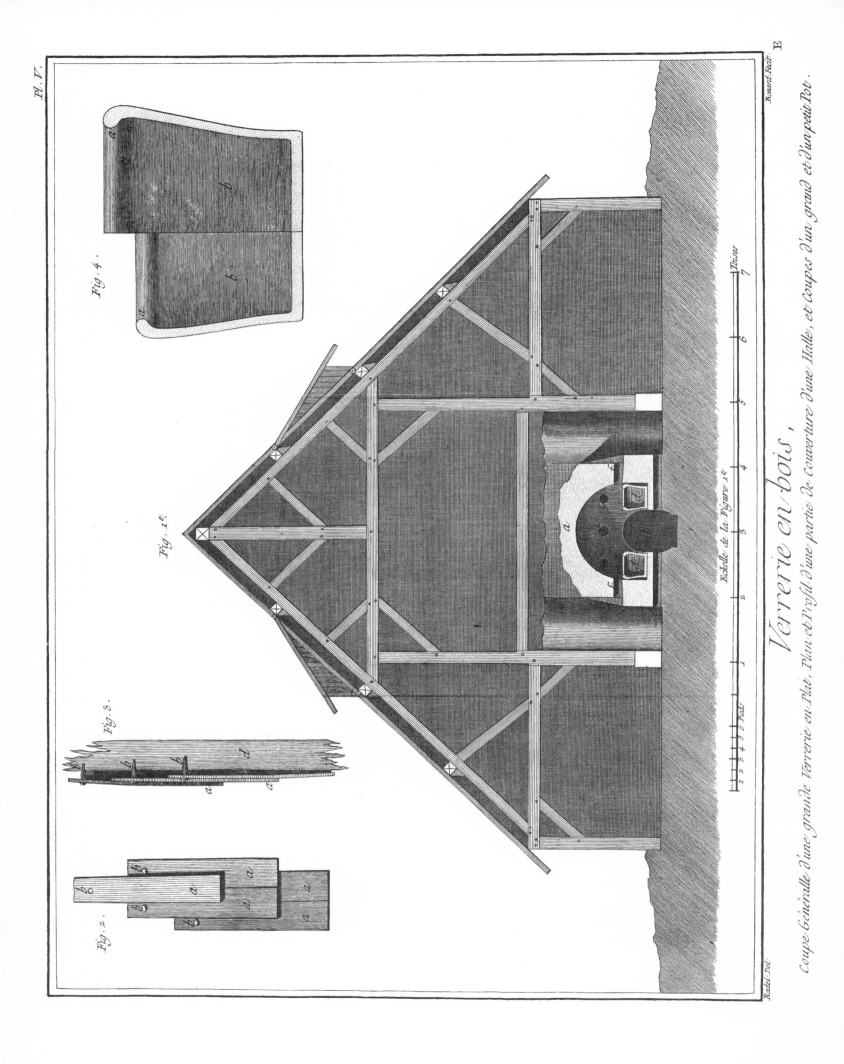

Pl. V.

Fig. 4.

Fig. 1.ᵉ

Fig. 3.

Fig. 2.

Verrerie en bois,

Coupe Générale d'une grande Verrerie en Platt, Plan et Profil d'une portie de couverture d'une Halle, et Coupes d'un grand et d'un petit Pot.

Echelle de la Figure 1.ᵉ

Plat

Toises

Benard Fecit.

Radel Del.

Pl. VI.

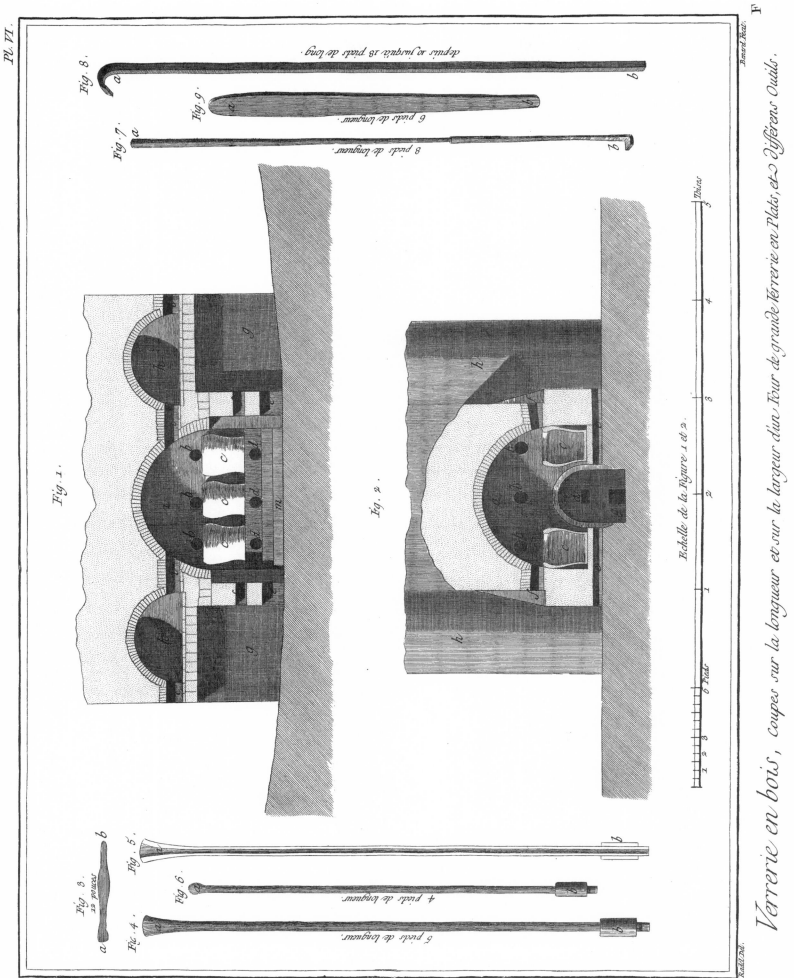

Fig. 8.

depuis 10 jusqu'à 18 pieds de long.

Fig. 9.

6 pieds de longueur.

Fig. 7.

8 pieds de longueur.

Fig. 1.

Fig. 2.

Echelle de la Figure 1 et 2.

Fig. 3.
12 pouces

Fig. 5.

Fig. 6.

4 pieds de longueur.

Fig. 4.

6 pieds de longueur.

Bazil Del.

Benard Fecit.

Verrerie en bois, Coupes sur la longueur et sur la largeur d'un Four de grande Verrerie en Plats, et Différens Outils.

F

Pl. VII.

Fig. 3.

Fig. 4.

G

Verrerie en bois, *Vue perspective de la Tonelle et de la Glaie, et Vue du Bequet pour l'incision de la Boße; l'Opération de rouler le verre avec le Ponti*

Pl. VIII.

Fig. 1.

Fig. 2.

d

b

c

Radel Del.

Benard Fecit.

Verrerie en bois,

l'Opération de faire le Cueillage avec la Felle et de l'alonger à l'auge.

H

Pl. IX

Fig. 1.

Fig. 2.

Radel Del.

Benard Fecit.

Verrerie en bois,
l'Opération de rouler la 1ᵉ et la 2ᵉ Chaude et de la souffler.

I

Pl. X.

Fig. 1.

Fig. 2.

Radel Del.

Benard Fecit.

Verrerie en bois,
l'Opération de rouler la 3ᵉ Chaude et former le col de la Bosse.

K

Pl. XI.

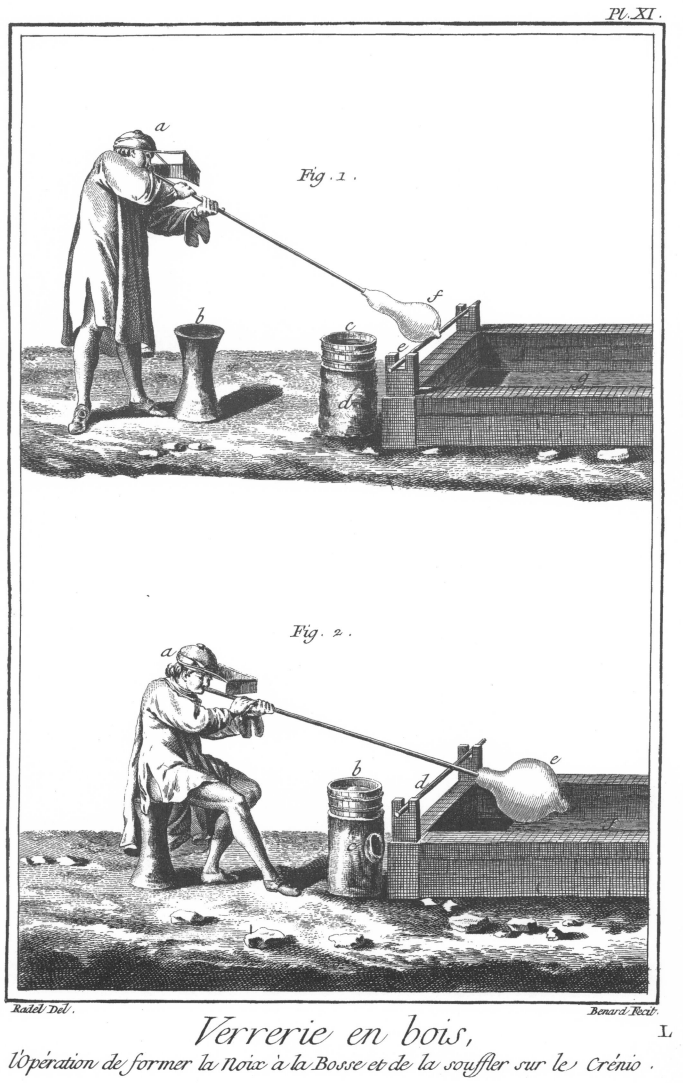

Fig. 1.

Fig. 2.

Radel Del.

Benard Fecit.

L

Verrerie en bois,

l'Opération de former la Noix à la Bosse et de la souffler sur le Crénio.

Pl. XII.

Fig. 1.

Fig. 2.

Radel Del.

Benard Fecit.

M

Verrerie en bois,
l'Opération de Chauffer le fond de la Boße pour l'aplatir et l'Opération d'inciser le Col de la Boße.

Pl. XIII.

Fig. 1.

Fig. 2.

Radel Del.

Benard Fecit.

Verrerie en bois,
l'Opération de rogner le Col de la Bosse et de l'attacher avec le Ponti.

Pl. XIV.

Fig. 1.

Fig. 2.

Radel. Del. Benard Fecit.

Verrerie en bois,

l'Opération de Chauffer la Bosse et de l'abrancher

Pl. XV.

Fig. 1.

Fig. 2.

Radel Del.

Benard Fecit.

*Verrerie en bois, l'Opération de Chauffer la
Bosse pour l'ouvrir et en faire le Plat et le porter à la plotte.*

P

Pl. XVI.

Fig. 1.

Fig. 2.

Radel Del.

Benard Fecit.

Verrerie en bois,
l'Opération de plotter le plat et de le faire recuire au Four.

Pl. XVII.

Fig. 1.

Fig. 2.

Radel Del.

Benard Fecit.

Verrerie en bois, l'Opération de tirer le
Pot hors de l'Arche, et l'Opération de le porter au Four.

R

Pl. XVIII.

Fig. 1.

Fig. 2.

Rudel Del.

Bonard Fecit.

Verrerie en bois, Vue Intérieure du Four d'une grande Verrerie en Plats, et l'Opération de mettre le Pot sur le Siège &c.

Pl. XIX.

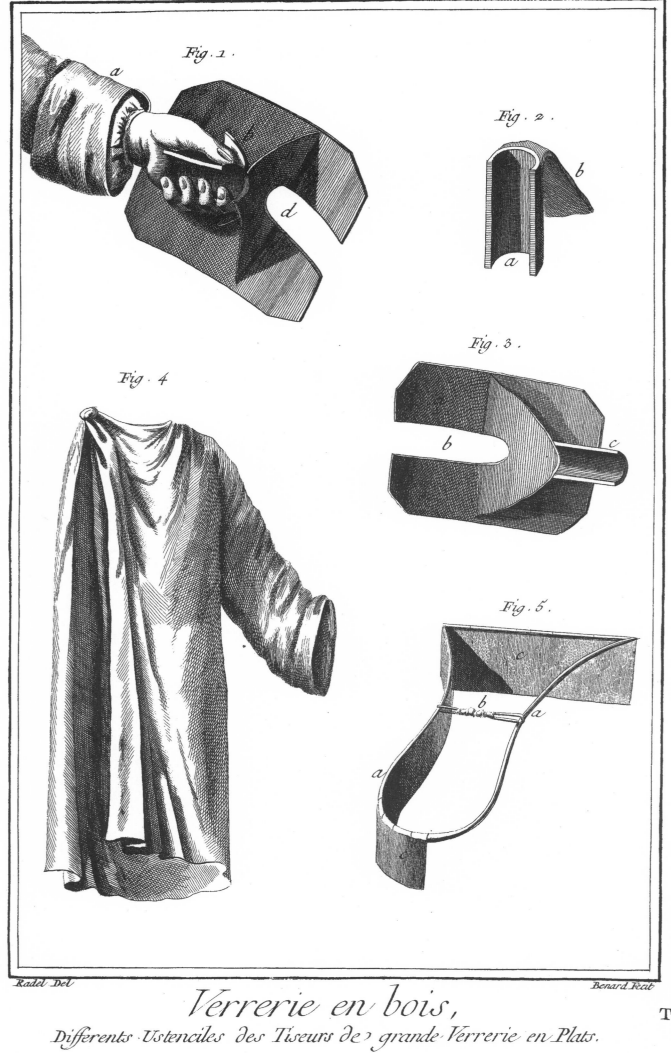

Fig. 1.

Fig. 2.

Fig. 3.

Fig. 4.

Fig. 5.

Radel *Del.*

Benard *Fecit.*

Verrerie en bois,

Differents Ustenciles des Tiseurs de grande Verrerie en Plats.

Pl. I.

Radel Del.   Benard Fecit.

Verrerie Françoise en Bouteilles.

Verrerie en Charbon de Terre, Four à Bouteilles, et l'Opération de cueillir le Verre dans le Pot.

a

Pl. II.

Fig. 1.

Fig. 2.

Radel Del.

Benard Fecit.

Verrerie en Bouteilles,
l'Opération de refroidir la Canne et de rouler la Paroison sur le Marbre.

b

Pl. III.

Fig. 1.

Fig. 2.

Verrerie en Bouteilles,
l'Opération de former le Col de la Paroison et la Souffler pour la gonfler
et lui faire prendre la forme d'un Œuf.

C

Fig. 1.

Fig. 2.

Radel Del.

Benard Fecit.

Verrerie en Bouteilles.

l'Opération de Souffler la Paraison sur le marbre, et l'Opération de Souffler la Bouteille dans le moule.

d

Pl. V.

Fig. 1.

Fig. 2.

Fig. 3.

Radel Del.

Benard Fecit.

Verrerie en Bouteilles,
l'Opération de rouler sur le Marbre le Ventre de la Bouteille, après
lui avoir enfoncé le Cul avec la Molette.

Pl. VI.

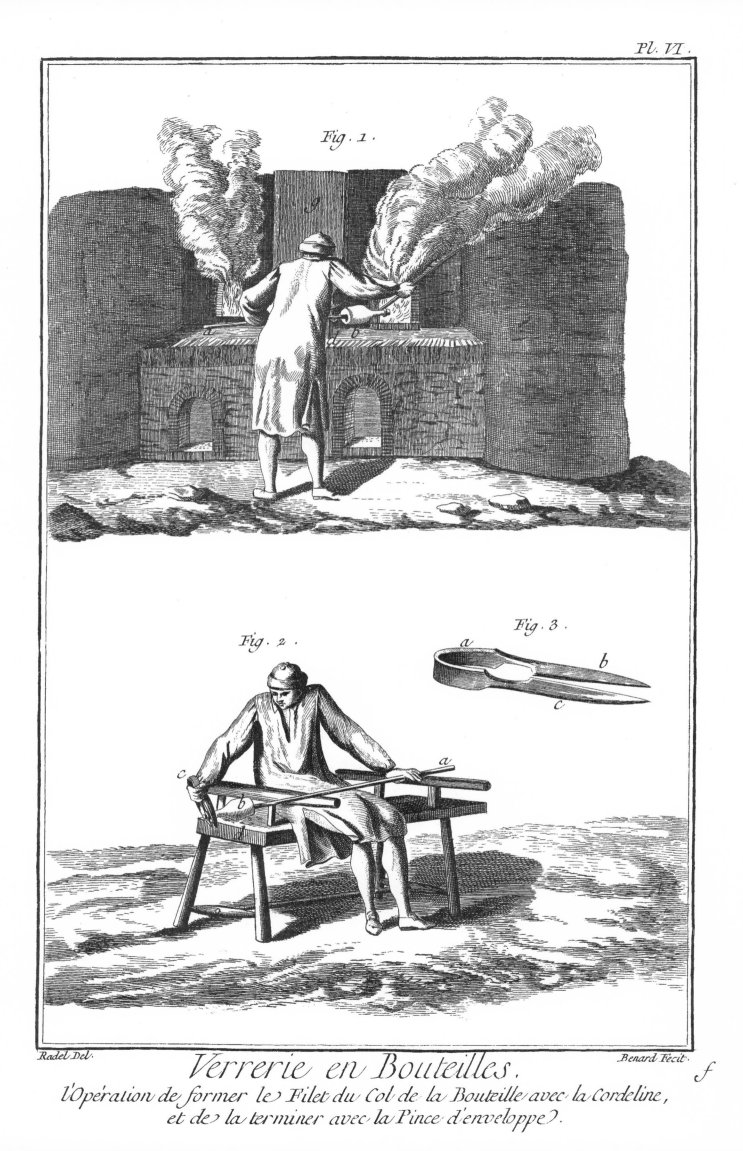

Fig. 1.

Fig. 2.

Fig. 3.

Radel Del.

Benard Fécit.

Verrerie en Bouteilles.
l'Opération de former le Filet du Col de la Bouteille avec la Cordeline,
et de la terminer avec la Pince d'enveloppe.

f

Pl. VII.

Fig. 1.

Fig. 3.

Fig. 2.

Fig. 4.

Radel Del.

Benard Fecit.

Verrerie en Bouteilles,
l'Opération de recuire la Bouteille et nétoiage de la Meule qui reste au
tour de la Canne après la Bouteille faite.

9

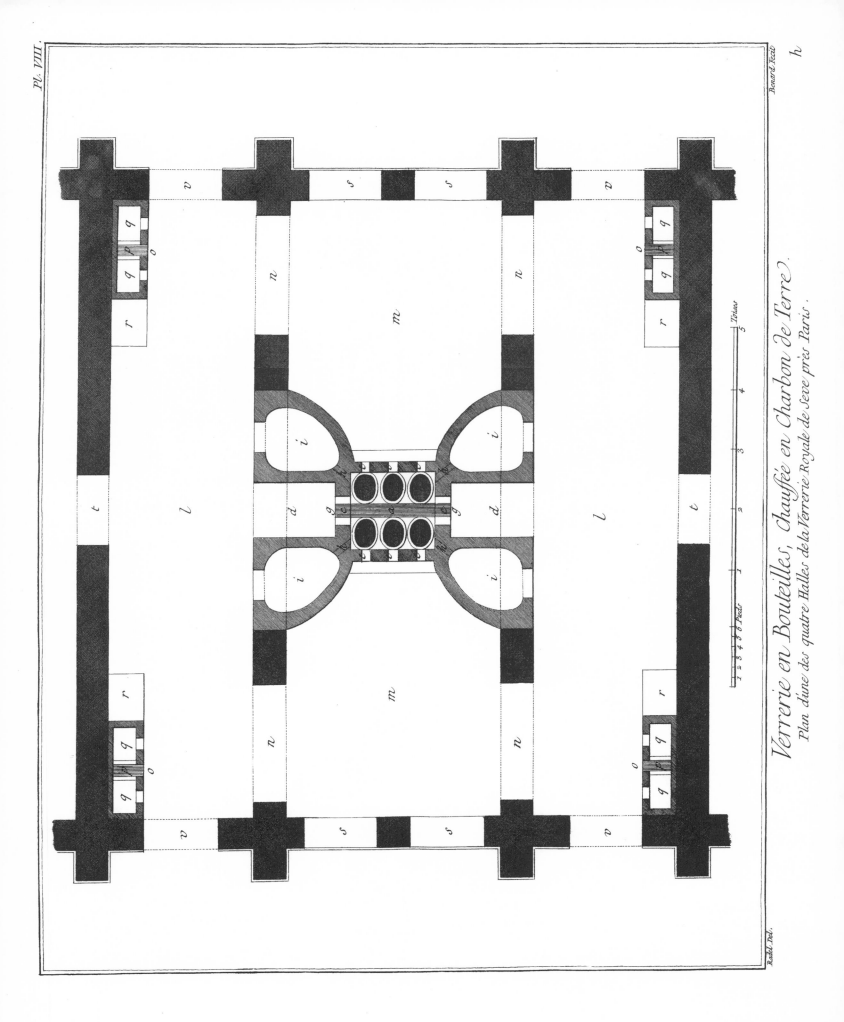

Pl. VIII.

Verrerie en Bouteilles, Chauffée en Charbon de Terre.
Plan d'une des quatre Halles de la Verrerie Royale de Seve près Paris.

Radel Del.
Benard Fecit

Pl. IX.

Radel. Del.

Benard Fecit.

Verrerie en Bouteilles, chauffée en Charbon de Terre.
Coupe sur la longueur d'une des quatre Halles et de son Four, de la Verrerie Royale de Seve près Paris.

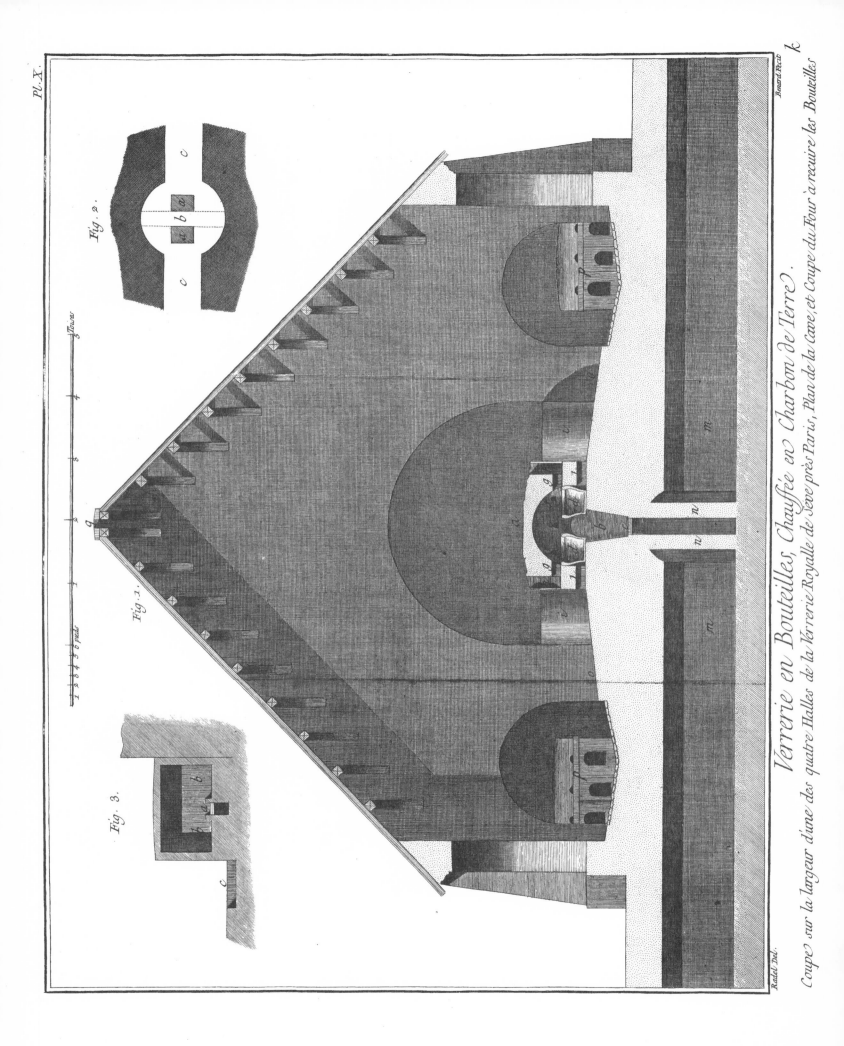

Pl. X.

Fig. 2.

Fig. 1.

Fig. 3.

Radel Del.

Benard Fecit.

Verrerie en Bouteilles, Chauffée en Charbon de Terre.
Coupe sur la largeur d'une des quatre Halles de la Verrerie Royalle de Sève près Paris, Plan de la Cave, et Coupe du Four à recuire les Bouteilles.

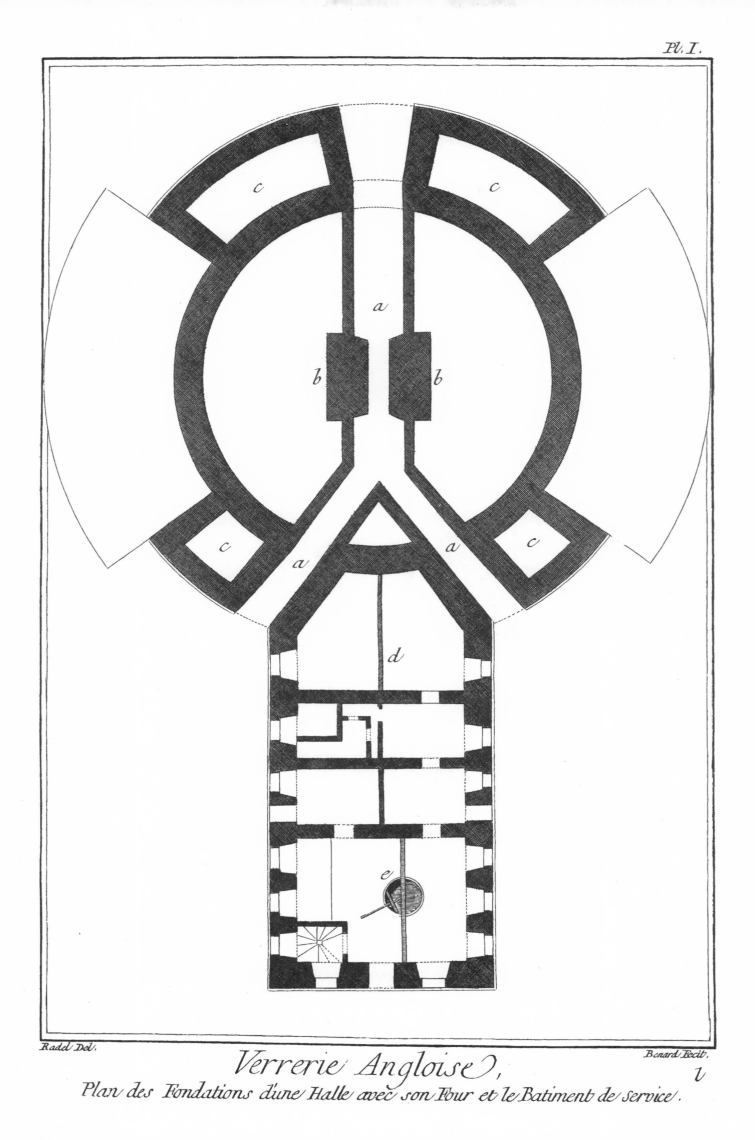

Pl. I.

Verrerie Angloise,
Plan des Fondations d'une Halle avec son Four et le Batiment de service.

Radel Del.

Benard Fecit.

1

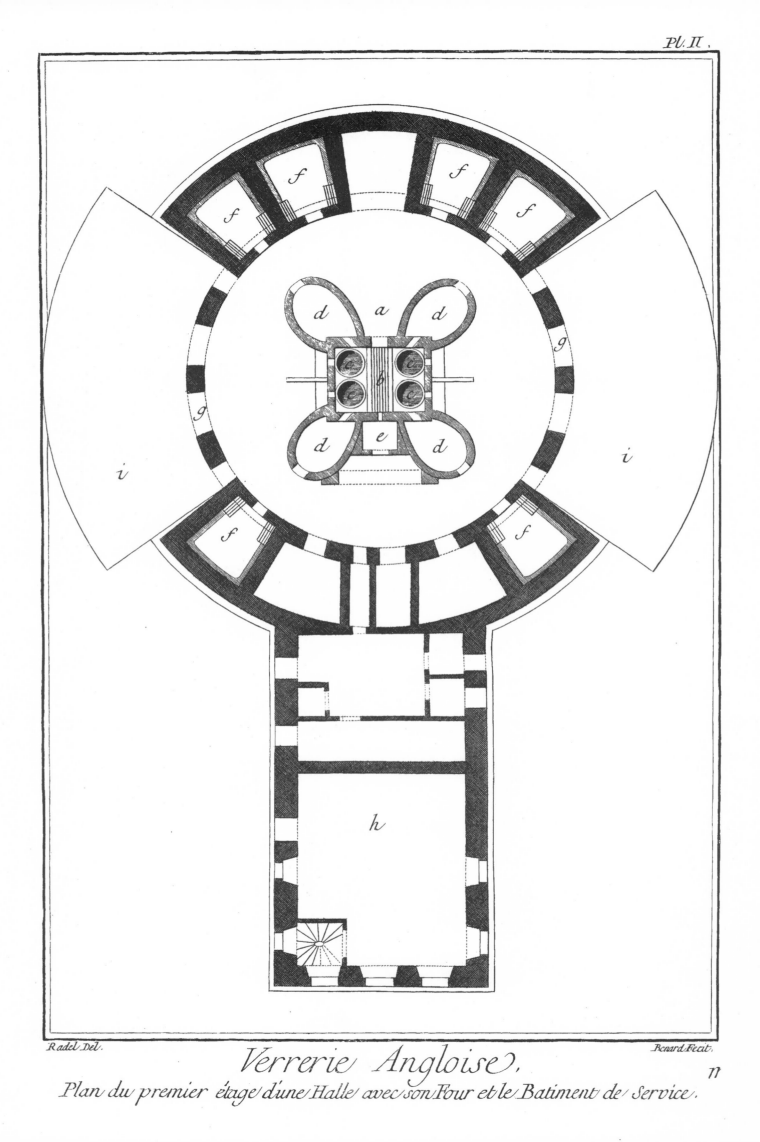

Pl. II.

Verrerie Angloise,
Plan du premier étage d'une Halle avec son Four et le Batiment de Service.

Radel Del.

Benard Fecit.

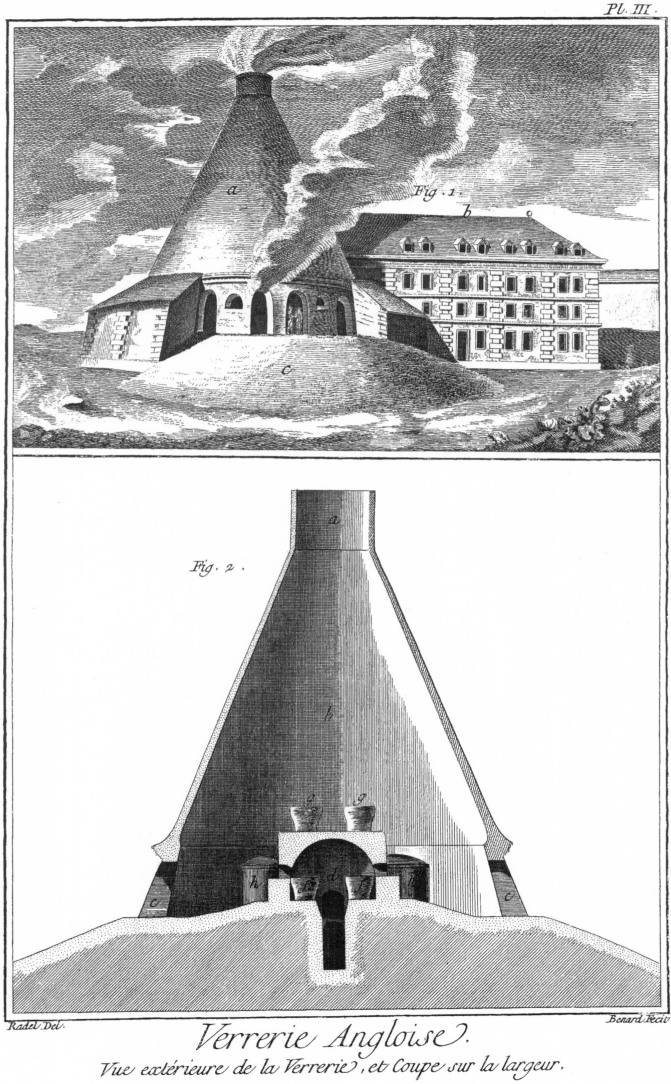

Fig. 1.

Fig. 2.

Radel Del.   Benard Fecit.

Verrerie Angloise.

Vue extérieure de la Verrerie, et Coupe sur la largeur.

VITRIER,

CONTENANT QUATRE PLANCHES.

PLANCHE Iere.

VIGNETTE.

Fig. 1. Ouvrier qui paffe du plomb à la filiere.
2. Ouvrier qui nettoie les vitres avec du fable.
3. Ouvrier qui coupe le verre avec le diamant.
4. Ouvrier qui colle des bandes de papier fur les carreaux.
5. Ouvrier qui égrife du verre.
6. Ouvrier qui nettoie un chaffis.
7. Plomb paffé à la filiere.

Bas de la Planche.

Fig. 1. Compas de fer pour prendre les différentes mefures des carreaux.
2. Marteau de fer dont l'extrêmité du manche eft de bois.
3. Outil appellé *diamant*; il fert à couper le verre.
4. Tenaille.
5. Couteau à unir le plomb lorfqu'on monte des vitres.
6. Grugeoir; cet outil fert à égrifer le verre & à le rendre droit.
7. Tringlette dont on fe fert pour unir le plomb.

PLANCHE II.

Fig. 1. Pouffe-fiche de fer, qui fert à faire reffortir les fiches des chaffis.
2. Baquet pour mettre la colle.
3. Equerre pour couper le verre quarrément.
4. Groffe broffe pour coller les vitres.
5. Taffeau de plomb pour redreffer les pointes.
6. Gouge ou fermoir.

Fig. 7. Regle pour tracer les différentes efpeces de carreaux.
8. Bouraffeau pour mettre le borax.
9. Main en petit de la filiere de la Planche III. figure 1.
10. Pointe pour arrêter les carreaux.
11. Fer à fouder.
12. Autre fer à fouder.
13. Rabot.
14. Pointes pour les plus petites fiches.
15. Poële pour mettre le feu pour chauffer le fer à fouder.
16. Grugeoir différent de celui de la Planche I.
17. Morceau de maftic.

PLANCHE III.

Fig. 1. Filiere vue de face; on s'en fert pour filer le plomb dont fe fervent les Vitriers.
2. Filiere vue de côté.
3. Bout de la main de la filiere.
4. Clé qui fert à fermer la filiere.
5 & 6. Sont les têtes des figures 1 & 2 de la figure feconde; elles ferment les extrêmités des vis A & B de la figure premiere.

PLANCHE IV.

Fig. 1. Filiere vue du côté des roues.
2. Coupe de la filiere de la figure premiere.
3. Lingotiere; elle fert à couler le plomb.
4. Lingot de plomb.
5. Gouttiere par où paffe le plomb lorfqu'il paffe à la filiere.
6. N°. 2, n°. 3 & n°. 4. Quatre différens modeles de vitres qui fervent à couper les verres.

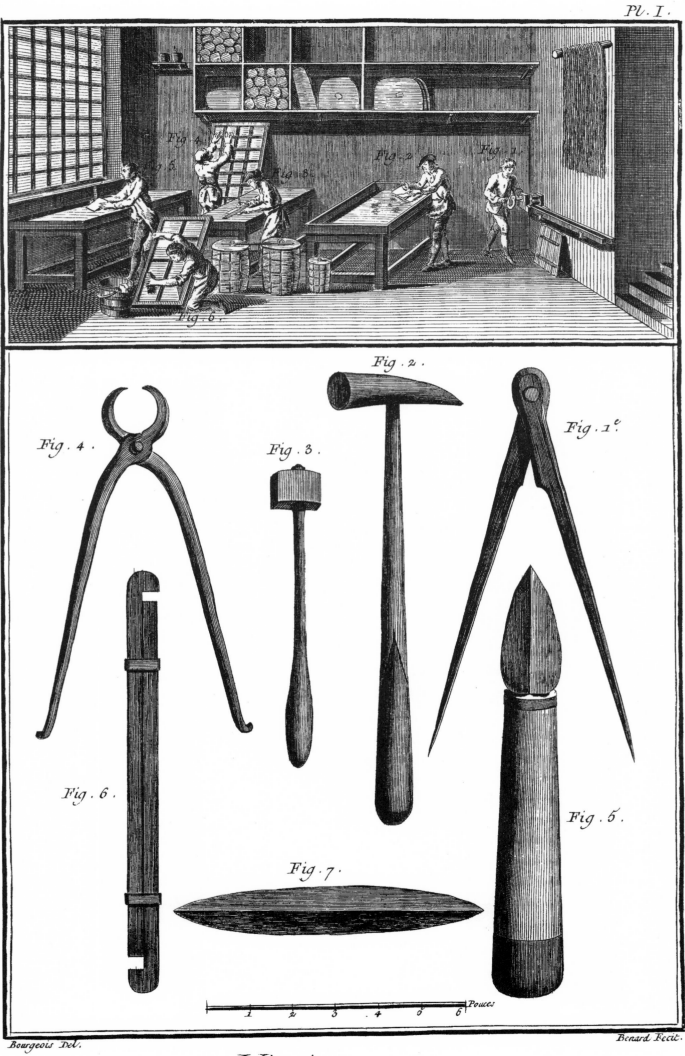

Pl. I.

Fig. 2.

Fig. 4.

Fig. 3.

Fig. 1.e

Fig. 6.

Fig. 5.

Fig. 7.

1 2 3 4 5 6 Pouces

Bourgeois Del.

Benard Fecit.

Vitrier, Outils.

Pl. II.

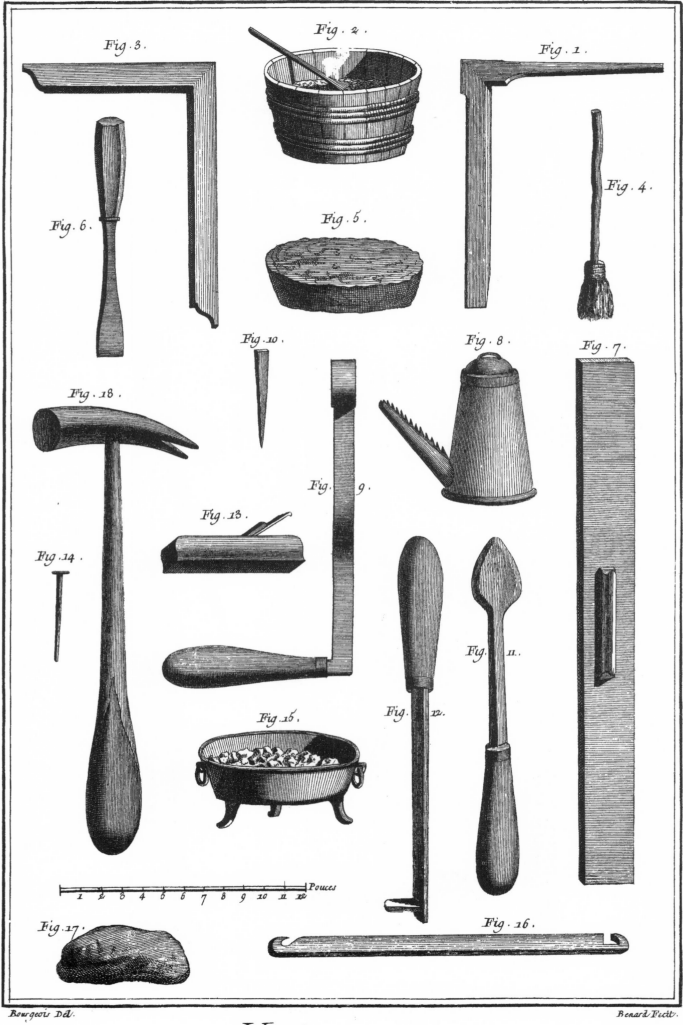

Fig. 3.
Fig. 2.
Fig. 1.
Fig. 6.
Fig. 4.
Fig. 5.
Fig. 10.
Fig. 8.
Fig. 7.
Fig. 18.
Fig. 9.
Fig. 13.
Fig. 14.
Fig. 11.
Fig. 12.
Fig. 15.
Pouces
1 2 3 4 5 6 7 8 9 10 11 12
Fig. 17.
Fig. 16.

Bourgeois Del.
Benard Fecit.

Vitrier, Outils.

Pl. III.

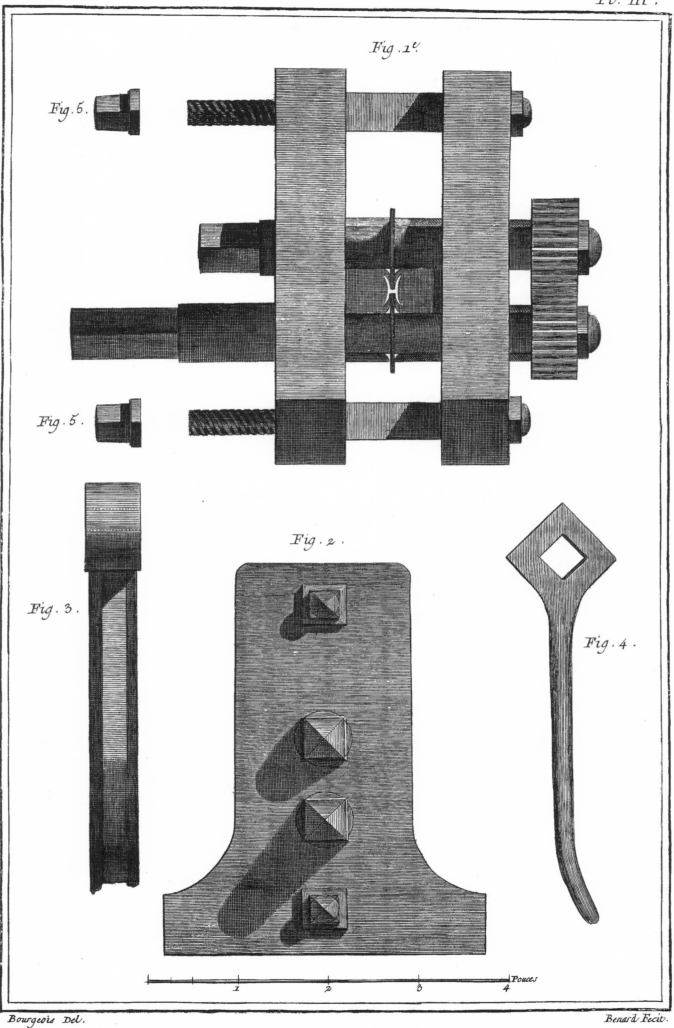

Fig. 1.ᵉ

Fig. 5.

Fig. 5.

Fig. 3.

Fig. 2.

Fig. 4.

Pouces

1   2   3   4

Bourgeois Del.

Benard Fecit.

Vitrier, Filiere et Développemens.

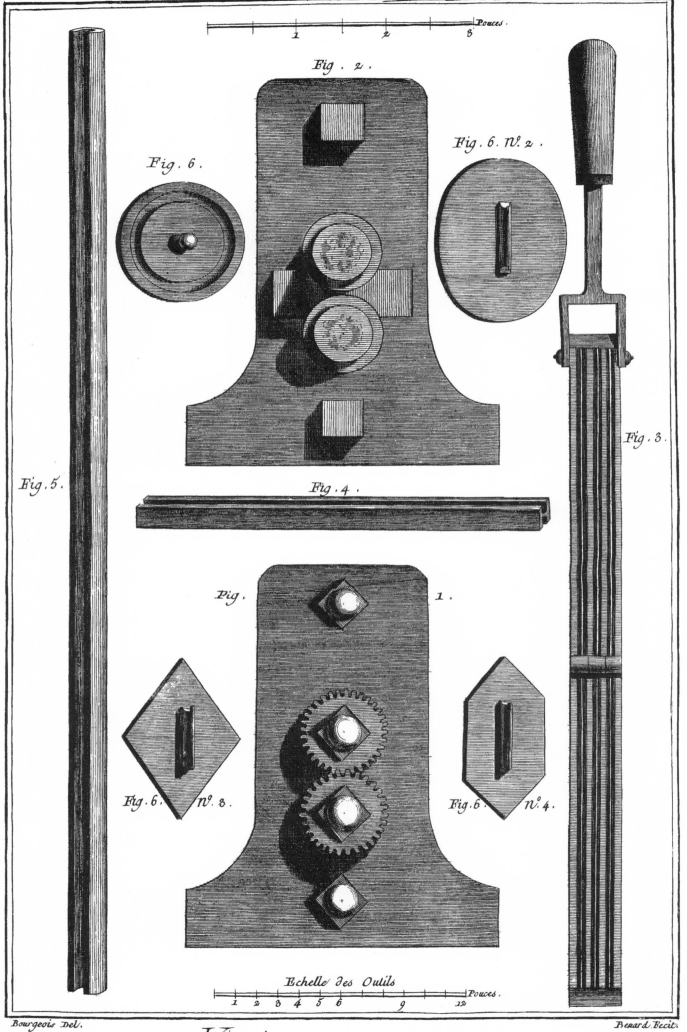

Pl. IV.

Pouces.
1   2   3

Fig. 2.

Fig. 6.

Fig. 6. Nº 2.

Fig. 5.

Fig. 4.

Fig. 3.

Fig.   1.

Fig. 6.   Nº 3.

Fig. 6.   Nº 4.

Echelle des Outils
1 2 3 4 5 6   9   12   Pouces.

Bourgeois Del.

Benard Fecit.

Vitrier, Détails et Outils.

MANUFACTURE DES GLACES.

CONTENANT QUARANTE SEPT PLANCHES, DONT HUIT DOUBLES.

DES GLACES COULÉES.

PLANCHE Iere.

Plan de la halle.

A. LE plan géométral du four de fufion avec fes quatre arches.

B. B. B. B. Le plan géométral des quatre piliers des chevalets cités dans le difcours, Pl. III. *fig.* 1. foutenant la roue.

C. C. Rangs de huit carcaifes de chaque côté du four de fufion.

D D D D. Galeries pour chauffer les tifars de derriere des carcaifes; chaque galerie a une porte à fes extrémités, pour la commodité du chauffeur, & même pour le paffage des voitures à-travers la galerie dans le befoin.

E. E. F. F. Quatre portes difpofées dans les quatre coins de la halle, pour la facilité du fervice, dont deux E E plus petites, & deux F F plus grandes, pour les befoins où l'on peut être de plus grands ou de moindres paffages.

G. H. I. L. Plancher difpofé autour de la halle pour le paffage de la table d'une carcaife à l'autre.

PLANCHE II.

Coupe longitudinale & tranfverfale de la halle.

A. Elévation du four & de fes arches, vû vis-à-vis une des glaies.

B. B. B. B. L'un des chevalets foutenu de fes deux piliers.

C. C. Coupe longitudinale des carcaifes.

D. D. Galeries des tifars de derriere.

E. F. Coupe de la charpente de la halle par un plan parallele à l'élévation A du four.

G. G. Elévation du four & de fes arches vû dans fa longueur, c'eft-à-dire vis-à-vis les ouvreaux.

H. H. Piliers & chevalets cités dans le difcours, Pl. III. *fig.* 2. foutenant la roue.

I. L. La roue.

M. M. M. M. M. Elévation des carcaifes poftérieures, vûes vis-à-vis des gueules.

N. O. Coupe de la charpente de la halle par un plan parallele à l'élévation longitudinale du fourneau.

PLANCHE III.

Coupe tranfverfale & longitudinale du four pour en tracer la courbe.

Fig. 1. Coupe du fourneau par un plan paffant par les ouvreaux du milieu.

2. Coupe du fourneau par un plan paffant par les tonnelles.

Figures relatives à l'extraction des fels.

Fig. 1. Machine d'extraction.

2. La foupape.

3. Plan de l'égoutoir.

Suite de la Planche III.

Fig. 1. Plan d'une machine à extraire les fels.

2. Perfpective de la même machine.

3. Face de la machine du côté du tifar.

4. Un des fupports de fer de la chaudiere.

5. Plan du fourneau & des chaudieres d'extraction, d'évaporation & de réduction.

N. *17. Glaces.*

6. Coupe du même fourneau.

7. Vûe du fourneau de calcination du côté de fa gueule.

8. Plan d'un nouvel attelier pour l'extraction des fels & leur calcination.

9. Vûe de la maçonnerie de cette machine du côté du tifar & de la gueule du four à calciner le fel.

Addition à la defcription des diverfes manieres d'extraire les fels des foudes.

Je fais actuellement ufage d'une maniere d'extraire, un peu différente de toutes les autres, en confervant cependant à-peu-près le fourneau de la *fig.* 5. & la méthode que nous avons indiquée en le décrivant.

Les expériences qu'un travail conftant me mettoit à même de faire, m'ayant convaincu, que malgré une lixiviation bien foignée, & répétée plufieurs fois, les cendres ne laiffoient pas de conferver encore un goût falé & alkalin, & que conféquemment en jettant ces cendres on faifoit une perte réelle du fel qu'elles pouvoient contenir, je cherchai à remédier à cet inconvénient, mais fans augmenter l'attelier, & avec les mêmes moyens que pour le fervice de la machine détaillée *fig.* 5.

Un des grands obftacles à la parfaite diffolution des fels contenus dans la foude, c'eft la difficulté qu'a l'eau de pénétrer les parties inférieures de la foude. Quelque attention qu'on ait de remuer & d'agiter les cendres, elles s'entaffent par leur propre poids avec trop de promtitude, pour que l'eau puiffe aller chercher les parties falines qui font dans le fond. Pour parer à cet inconvénient, je m'avifai il y a quelque tems, de tenter un expédient dont l'idée m'étoit déja venue plus d'une fois, & dont je m'étois toujours défié.

Je difpofai ma foude pulvérifée dans mes baffins de diffolution, *ftratum fuper ftratum*, avec de la paille; faifant le premier lit de paille, le fecond de foude; le troifieme de paille, le quatrieme de foude; & enfin le dernier, c'eft-à-dire, celui qui faifoit le deffus du baffin, de paille. J'avois eu la précaution de percer mes baffins par le bas & d'en tenir les trous bien bouchés pendant la préparation; après avoir difpofé mes baffins comme je viens de le décrire, j'y verfai de l'eau, qui ne put rien déranger, parce qu'elle ne tomba fur la foude qu'après avoir pénétré une couche de paille : je continuai à répandre de l'eau dans les baffins, jufqu'à ce qu'elle ceffât de s'imbiber & qu'elle fe manifeftât fur la furface; ce qui me donna lieu de croire qu'elle avoit pénétré toutes les couches jufqu'au fond du baffin. Je laiffai les chofes dans cet état pendant un certain intervalle, pour donner à la diffolution le tems de fe perfectionner: j'ouvris enfuite le bas de mes baffins, & je reçus la leffive dans un baquet; elle fut très-claire, comme il étoit naturel de s'y attendre, chaque couche de paille ayant fait l'office d'un filtre. Lorfque la leffive fut toute écoulée, je remis la leffive dans le baffin que j'avois rebouché, & la fis refiltrer une feconde fois. Cette filtration répétée ainfi deux ou trois fois, la leffive fe trouva plus faturée que je n'en avois encore eu par aucune autre méthode; je la mis dans la chaudiere de préparation, & je continuai l'opération à l'ordinaire.

Par ce nouveau procédé, j'évitai la perte réfultante du défaut de diffolution, parce que l'eau n'ayant de couche en couche qu'une petite épaiffeur de foude à traverfer la pénétroit bien plus aifément & plus intimement; je ne voyois qu'une chofe à craindre, de n'avoir pas affez de leffive pour fournir à l'évaporante, & par-conféquent de me voir réduit à faire moins d'ouvrage; l'événement ne tarda pas à me tranquillifer.

J'eus, moyennant deux fimples baffins, affez de lef-

A

five pour conduire mon extraction fans relâche , & la leffive fut faturée au point que dans le même tems (vingt-quatre heures) , j'obtins près de cent livres de fel de plus que par le paffé. Cette méthode me donna une économie réelle fur tous les objets , puifque je fis plus de befogne avec les mêmes ouvriers , avec le même local , avec le même feu , & dans le même tems.

La même foude qui me rendoit autrefois quarante à quarante-cinq pour cent, me rendit de quarante-cinq à cinquante , ce qui prouve que nous perdions environ cinq pour cent.

Je confervai la méthode de dépofer les cendres déjà leffivées dans un grand baffin , où par une lixiviation fimple & ordinaire , on acheve de les priver du peu de parties falines qui leur feroient reftées.

Je me propofai d'effayer fi le mélange du marc de foude avec la paille, abandonné à la fermentation comme le fumier, ne feroit pas propre à fervir d'engrais aux terres , fi cela étoit, ce feroit un avantage de plus de cette nouvelle méthode fur les anciennes, de donner un ufage à une matiere non-feulement inutile mais encore nuifible , employée comme fumier. J'ai fur cela une double expérience.

On garnit, il y a quelques années, les allées d'un jardin fruitier avec du marc de foude, dans la vue de fe délivrer des mauvaifes herbes qui couvroient les allées. On réuffit parfaitement en cette partie; depuis quatre ans il n'a pas encore paru une herbe. Mais la propriété du marc de foude fe manifefta d'une maniere plus funefte, une grande partie des arbres qui faifoient la bordure des allées périrent la même année , & nombre des autres font encore languiffans.

L'économie où ma nouvelle méthode m'avoit conduit me fit efpérer de la pouffer encore plus loin. Je me flattai de mettre le feu plus à profit, de répandre plus d'aifance dans la manœuvre, & par-là porter l'épargne fur le bois & fur les ouvriers. Je cherchai dans un arrangement différent des chaudieres le fuccès que je me promettois.

Je les difpofai comme dans la fuite de la Pl. III. *fig.* 8. & 9. l'évaporante en B, la préparatoire en A, & la réductive en C : je plaçai le tifar juftement fous le milieu de l'évaporante; au moyen de quoi le feu agit fur elle immédiatement. La capacité du four de calcination occupa tout le deffous des chaudieres de préparation & de réduction.

L'intérieur de la maçonnerie demeura tel pour fa conftruction, que nous l'avons décrit, *figure* 5. même Pl. Les courans d'air furent toujours les mêmes , feulement je changeai la gueule du four de calcination, & la plaçai, non plus du côté de la cheminée *y x z*, mais en G, du même côté que le tifar, pour qu'on pût prendre le four dans fa longueur : on le peut voir, *fig.* 9. où l'élévation de la maçonnerie eft repréfentée.

Voici les précautions que j'ajoutai pour l'aifance de la manœuvre. Je plaçai les baffins D, E de diffolution, de maniere qu'ils préfentaffent un de leurs coins au-deffus de la préparatoire A, difpofant le terrein pour que leur fond fût à niveau du bord de la chaudiere ; je les perçai en cet endroit.

Par ce moyen, lorfqu'après avoir fait filtrer ma leffive une ou deux fois, je juge qu'à la troifieme elle fera fuffifamment faturée, au-lieu de la recevoir comme auparavant dans les baquets *d*, *f*, je la fais couler d'elle-même dans la chaudiere A, d'où on la tranfvafe comme à l'ordinaire, dans l'évaporante, & enfuite dans la réductive.

Lorfque le fel s'eft fuffifamment égoutté fur l'égouttoir 1, 2, 3, 4, un feul ouvrier l'enfourne avec beaucoup de promtitude, dans le four de calcination, en le jettant par le trou F, d'un pié de diametre, que j'ai pratiqué , donnant fur le four , en prolongeant celui-ci de dix-huit pouces. L'ouvrier, lorfque le fel eft tout enfourné, l'arrange & l'étend avec le rable dans le four à calciner.

Le trou F fe bouche, lorfqu'on ne s'en fert pas ; je parvins, par ces nouveaux moyens, à la réforme d'un ouvrier.

PLANCHE IV.

La vignette de cette Planche repréfente l'attelier nommé *marchoir*, où on mélange & prépare les terres dont font faits les pots, les cuvettes, & les différentes pieces qui compofent le four.

Fig. 1. Ouvriers marchant la terre.
   2. Ouvriers portant un bar plein de ciment.
D.D.D. Caiffes fervant à marcher la terre.
F. Feuillette fervant à voiturer de l'eau.
G. Bar fervant au tranfport , foit de la terre , foit du ciment.

Bas de la Planche.

A. Bâton quarré fervant à mouler les diverfes tuiles.
B. Moule de ceintre de tonnelle ayant de longueur les deux tiers de la tonnelle ou vingt-quatre pouces.
b. Plan de la tuile ou piece du moule précédent.
b. Profil de la même piece.
C. Plan géométral du moule de tuiles de couronne.
c. Vûe perfpective du moule des tuiles de couronne.
E. Plan géométral du moule des tuiles d'embrafure.
e. Vûe perfpective du même moule des tuiles d'embrafure.
T. Plan géométral du moule des tuiles fervant aux piés droits des tonnelles.
t. Vûe perfpective du moule T.
X. Plan géométral des tuiles des ceintres de tonnelles.
x. Vûe perfpective du moule X.
S. Plan géométral du moule des tuiles de fiéges.

PLANCHE V.

La vignette repréfente l'attelier des mouleurs, où on emploie la terre préparée dans l'attelier repréfenté par la Planche précédente. On y voit plufieurs ouvriers occupés à mouler des pots & des cuvettes.

Fig. 1. Ouvrier fabriquant un pot dans le moule.
   2. Potier à la main.
   3. Ouvrier fabriquant une cuvette en moule.
   4. Ouvrier rebattant le fond d'un pot.
H.H. Plateaux fervant à dépofer la terre que l'on a à mouler.
I.I. Terre dépofée fur les plateaux.
L. Efcabeau fervant à pofer le fonceau, fur lequel on doit commencer un pot à la main, pour élever l'ouvrage à une hauteur commode à l'ouvrier.
M. Petite cuvette encore fur fon fonceau.
N. Grande cuvette encore fur fon fonceau.

Bas de la Planche.

A. Moule à pots.
B. Fonceau fur lequel on moule les pots.
C. Moule des petites cuvettes.
D. Moule des grandes cuvettes.
E. E. E. Battes de diverfes grandeurs.
F. Batte pour le fond des pots.
G. Gouge plate.
g. Gouge ronde.

PLANCHE VI.

Cette Planche & les trois fuivantes contiennent les plans, coupes & autres développemens d'un fourneau, deffinés fur une plus grande échelle.

Fig. 1. Plan géométral du four.
   A. Quarré du four.
   B.B. Plan géométral des tonnelles.
   C.C.C. Ouvreaux à cuvettes.
   D, E, D, E, D, E, D, E. Plaques de fonte placées au fortir des ouvreaux à cuvettes.
   F.F.F.F. Plan géométral des quatre arches.
   2. Coupe du four par les ouvreaux d'en-haut.
   G. Tifar ou efpace renfermé entre le bas des deux fiéges.
   H.I. Siége à pots.
   L.L. Siége à cuvettes.
   M.M. Pots placés fur leurs fiéges.
   N.N.N. Cuvettes fur les fiéges.

O. O. O. O. Ouvreaux à tréjeter.
P. P. Ouvreaux du milieu.
Q. Q. Talud des fiéges depuis leurs bords d'en-haut jufqu'à leur pié.
R. R. R. R. Lunettes.
S. S. S. S. Bonards.
T. T. T. Entrées des arches à pots.
t. Entrée de l'arche à matiere.
5. 6. Clairvoyes des arches.
4. 4. 4. Trois pots placés dans l'arche.

PLANCHE VII.

Fig. 1. Plan du deffus du four.
A. Deffus du quarré du four.
F. F. F. F. Deffus des arches.
G. G. Deffus des glaïes.
D. Piliers foutenant la roue au-deffus du fourneau.
2. Elévation du four vis-à-vis les ouvreaux.
C. C. Ouvreaux à cuvettes.
F. F. Elévation des arches.
O. O. Ouvreaux à tréjeter.
P. Ouvreau du milieu.
S. S. Bonards.
3. Elévation du four vis-à-vis la glaïe.
B. Tonnelle.
T. Gueule d'une des arches à pots.
t. Gueule de l'arche à matiere.

PLANCHE VIII.

Fig. 1. Coupe du four par l'arête du milieu, d'une glaïe à l'autre.
B. B. Tonnelles.
C. C. Ouvreaux à cuvettes.
F. F. Mur des arches faifant une des parois des deux glaïes.
H. I. Siége.
M. M. Pots vûs en élévation fur les fiéges.
O. O. Ouvreaux à tréjeter.
P. Ouvreau du milieu.
2. Coupe du four par les ouvreaux du milieu.
B. Tonnelle.
F. F. Arches.
H. I. H. I. Siéges.
M. M. Pots fur leurs fiéges.
P. P. Ouvreaux du milieu.
R. R. Lunettes.
Les figures qui fuivent repréfentent la glaïe & le développement des différentes pieces qui en compofent la fermeture, deffinées fur une échelle triple.
3. Plan en élévation de la glaïe.
T. Trou par lequel on tife, ou tifar.
C. Chevalet.
J. J. J. J. Joues.
S. S. Chios.
M. M. Margeoirs.
4. Plan géométral de la glaïe.
f. Chio.
i. i. Joues.
n. n. Margeoirs.
a. x. Murs de la glaïe.
y. y. Parties de la maffe du four, avoifinant la glaïe.

Pieces du four.

T. Tuile pour boucher les ouvreaux à cuvettes.
p. Plateau fervant à boucher les ouvreaux d'en-haut.
t. Tuile fervant aux ouvreaux d'en-haut.
c. Chevalet.
E. E. Joues.
m. m Margeoirs.
S. Chio.

PLANCHE IX.

Plan géométral de la roue, ou plancher de charpente, qui eft placé au-deffus du fourneau, fur lequel on empile le bois ou la billette pour la faire fécher. On voit partie de cette roue chargée de bois dans les vignettes de plufieurs des Planches fuivantes.

A B C D. Chemin ou pont fait de planches, fervant pour porter le bois fur la roue. Ce chemin traverfe le deffus du four d'une glaïe à l'autre, & fe termine aux murs de la halle qui font vis-à-vis les tonnelles à des ouvertures auxquelles répondent extérieurement des efcaliers ou rampes par lefquelles les chargeurs apportent le bois.
E I, G H. Chevalets qui portent les extrémités faillantes des longrines qui compofent la roue. Ces chevalets font portés par les quatre piliers cotés B. B. B. B. dans le plan général, Pl. premiere.
F F, F F. Deux autres chevalets pour foutenir la roue. Ces deux chevalets repofent chacun fur quatre dés de pierre cotés D. D. D. D. dans le plan du deffus du fourneau, Pl. premiere.
g g, h h. Deux autres petits chevalets pofés de même fur des dés aux quatre angles du fourneau.
K, K. Milieu de la roue répondant au milieu du fourneau.
K F H. Partie de la roue chargée de billette.

PLANCHE X.

Lavage du fable & du calcin.

Fig. 1. Ouvrier lavant du calcin dans un canal paffant à-travers l'attelier, & dont on voit l'orifice au mur poftérieur.
2. Ouvrier remuant le fable dans un baquet plein d'eau avec une palette de fer.
3. Ouvrier tamifant le fable dans l'eau.
4. 5. Ouvriers portant du fable ou du calcin dans un bar, à l'effet de le laver.

Bas de la Planche. Outils des laveurs, & moules des différentes pieces de la fermeture de la glaïe & des ouvreaux.

Fig. 1. Pelle à laver le fable.
2. Pelle propre à prendre le fable & le calcin.
3. Tamis à paffer le fable.
4. Panier à laver le calcin.
5. Moule à joue.
6. Moule à chios.
7. Moule à chevalets. Ces trois pieces fervent à fermer la glaïe.
8. Moule à tuile d'ouvreaux à cuvettes.
9. Moule à plateaux pour les ouvreaux d'en-haut.
10. & 11. Moules de diverfes fortes de tuiles pour les ouvreaux d'en-haut.
12. Bâton fervant à mouler les diverfes pieces.

PLANCHE XI.

Saline.

Fig. 1. Plan géométral de la faline pour extraire le fel de la foude.
A A A. Chaudieres de diffolution.
B. Chaudiere d'évaporation.
C. C. C. C. Chaudiere de réduction.
D D. Baffins d'eau froide.
E. Tifar.
2. Coupe en long des chaudieres de diffolution & d'évaporation, & de la maçonnerie fur laquelle elles font établies.
3. Coupe par la largeur de la chaudiere d'évaporation.
4. Elévation du côté du tifar, de la maçonnerie qui fert d'établiffement aux chaudieres de diffolution & d'évaporation.
5. Elévation du côté du tifar, de la maçonnerie d'une des chaudieres de réduction.

PLANCHE XII.

Vignette. Vûe perfpective d'un four à frite double en travail, dont on trouvera le plan, les élévations & les coupes dans la Planche fuivante.
B. B. Gueules du four à frite.

F. F. F. Piés droits des cheminées.

H, H. Hottes ou manteaux des cheminées.

x y. ʒ t. Barres pour appuyer le rable lors du travail.

1. 2. Caiffes propres à renfermer la matiere prête à friter.

3. Pelle propre à prendre la matiere.

4. 5. 6. 7. Rables de relai pour remplacer celui qui travaille quand il s'échauffe trop.

8 9, 8 9. Baffins où le fritier fait tomber la matiere fritée, & la laiffe refroidir.

Fig. 1. Un fritier quittant fon rable chaud pour en prendre un froid.

2. Un fritier portant le bout de fon rable d'une partie du four à l'autre.

Bas de la Planche.

Fig. 1. Géométral d'un four à frite fimple.

A. Aire du four.

B. Gueule du four.

C. Ouverture du tifar.

E D. Longueur du tifar.

F. F. Géométral des piés droits de la cheminée.

e f. Plaque de fonte fur le devant du four à frite.

S. T. Ouverture de communication du tifar au four.

2. Coupe du four à frite, felon la ligne *m n.*

C. Ouverture du tifar.

q. r. Barreaux du tifar.

L I. Arête de l'ouverture de communication.

i. Sablonette.

3. Coupe du four à frite felon la ligne *c d.*

b. Pié droit de la gueule du four à frite.

g. Pié droit de l'embrafure du four à frite.

P. Pié droit de la cheminée.

h. Ouverture de communication du tifar au four à frite.

i. Sablonette.

PLANCHE XIII.

Développemens du four à frite double.

Fig. 1. Plan géométral du four à frite double, & d'un bout de l'attelier qui le renferme.

A A. Aires des deux parties du four à frite.

B C, B C. Communication des tifars dans les deux parties du four à frite.

D D. Gueules des deux parties du four.

E. Ouverture du tifar.

F G. Longueur du tifar.

H I. H I. Plaques de devant des deux parties du four.

L L L. Piés droits des cheminées.

M N M N. Baffins ou les fritiers tirent leur frite pour la laiffer refroidir.

m n. Galeries pour paffer au tifar.

2. Coupe du four à frite double de la *fig.* 1. par la ligne *m n.*

E. Ouverture du tifar.

g h. Barreaux du tifar.

i, l. Arrêtes des ouvertures de communication du tifar aux deux parties du four.

m n. Galeries pour paffer au tifar.

O P. Sablonette.

3. Elévation du four à frite double du côté du tifar.

E. Ouverture du tifar.

m n. Galeries pour paffer au-devant du four.

O P. Sablonette.

4. Elévation du devant du four.

D. D. Gueules des deux parties du four.

G G. Hottes ou manteaux des cheminées.

L L L. Piés droits des cheminées.

x y x y. Barres de fer armées de chevilles pour manier le rable avec facilité.

m n. Galeries pour paffer au tifar.

O P, O P, O P. Sablonette.

PLANCHE XIV.

Plan des tenailles & de la table.

Fig. 1. Plan d'une tenaille propre à prendre les petites cuvettes.

A B. C D. M N. Poignées par lefquelles les verfeurs prennent la tenaille.

G. Charniere de la tenaille.

E F. Clé qui fert à fixer l'ouverture de la tenaille au moyen d'une clavette qu'on met du côté de l'extrémité de la clé, dans les trous qu'on voit exprimés fur E F.

2. Plan d'une tenaille propre à prendre les grandes cuvettes.

3. Plan de la table fur laquelle on voit le rouleau & les tringles.

O P Q R. Table.

S T. X Y. Tringles.

Z. Rouleau.

a c. ʒ B. Poignée qu'on ajoute aux deux bouts du rouleau, pour qu'on puiffe le mettre en ufage.

4. *e d g f.* L'épaiffeur de la table vûe par une de fes extrémités.

h h. Extrémités des tringles.

5. Coupe en long du rouleau, pour qu'on puiffe voir fa ferrure intérieure.

6. & 7. Poignées du rouleau. I trou quarré qui s'emboîte dans l'extrémité de la barre qui fert d'axe au rouleau.

PLANCHE XV.

Elévation de la table & développement de fon pié.

Fig. 1. Elévation de la table & de fon chaffis par l'extrémité qui s'applique aux carcaifes.

A B. Extrémité de la table.

C C. Mortaifes & tenons qui affemblent l'extrémité du chaffis, avec fes parties latérales.

F F. Roues de la table.

2. Coupe de la table & de fon chaffis par une ligne paffant des roues du côté des carcaifes à la roue qui eft feule à l'autre éxtrémité.

A B. Table.

C D. Chaffis.

E. Profil de la roue du côté éloigné de la carcaife.

E. Profil d'une des roues du côté de la carcaife.

3. Elévation de la table & de fon chaffis, par l'extrémité éloignée de la carcaife.

A B. Extrémité de la table.

C D. Mortaife & tenons qui affemblent l'extrémité du chaffis, avec fes parties latérales.

E. Roues de la table.

4. Développement du chaffis de la table.

5. Chevalet qui reçoit le rouleau quand il tombe de deffus la table.

6. Elévation du chevalet par une de fes extrémités, dans laquelle eft le rouleau dont on voit aûffi l'extrémité.

PLANCHE XVI.

Chariot à rouleau.

Fig. 1. Vûe perfpective du chariot à rouleau.

2. Profil du chariot à rouleau, la roue antérieure étant fupprimée.

3. Plan géométral du chariot à rouleau.

PLANCHE XVII.

Développement de la potence & de la tenaille fervant à porter les cuvettes.

Fig. 1. La potence armée de toutes fes pieces, elle paroit rompue un peu au-deffus du cric, parce que, faute d'étendue dans le papier, on ne pouvoit la placer en toute fa longueur.

a b. Colier fervant à fixer le haut de la potence aux poutres.

c. Poulie pour paffer la corde qui foutient la tenaille.

h i. Bras de fer deftiné à recevoir la poulie *g*, & à la porter à la diftance néceffaire, pour que, continuant à faire paffer la corde fur cette poulie, on tranfporte par de moyen la tenaille à la même diftance.

I m.

lm. Barre de fer deftinée à retenir le bras *h l* dans la direction horifontale.

d e, d e Bâtons dont la potence eft garnie, pour que les ouvriers la foutiennent par-là dans la pofition perpendiculaire, lorfqu'on la tranfporte d'une carcaife à l'autre.

n. Cric par le moyen duquel on fait monter & defcendre la tenaille.

Z. Pivot fur lequel tourne la potence.

a. Crochet qui tient la tenaille.

2. *o p q r.* Ferrace qui couvre la cuvette, & qui eft fufpendue au-deffus de l'équipage de la tenaille.

f. Trou par lequel on doit paffer la garniture de la tenaille.

3. Vûe perfpective de la tenaille garnie de toutes fes pieces.

t. Tenon deftiné à entrer dans le trou *f* de la ferrace, & percé pour recevoir le crochet *a* de la corde de la potence.

x y. Fléau auquel pendent par quatre crochets autant de chaînes, auxquelles eft attachée la tenaille.

PLANCHE XVIII.

L'opération d'enfourner.

Vignette. Vûe perfpective du four & de fes arches, ainfi que de la roue, le tout vû du coin de l'arche à matiere.

Fig. 1. Ouvrier prenant de la matiere de l'arche avec fa pelle à enfourner.

2. Ouvrier portant la matiere à l'ouvreau.

3. Ouvrier enfournant.

4. Ouvrier retournant à l'arche chercher de la matiere.

5. 6. Ouvriers attendant le moment de remplir leurs pelles.

7. Maître-tifeur faifant enfourner, & examinant l'opération.

Bas de la Planche.

A B. Ferret.

C D. Ferret d'une autre forte.

E F. Cornard fervant à déboucher les ouvreaux à cuvettes.

K H. Pelle à enfourner avec fon manche.

K G L I M N. Vûe perfpective de la pelle.

G O. Manche de fer.

O H. Manche de bois ajufté à la douille de celui de fer.

P Q S R. Plan géométral de la pelle à enfourner.

T. Brouette à braife.

ζ a. Pelle à débraifer avec fon manche.

ζ b. Vûe perfpective de la pelle.

b y. Manche de fer.

y a. Manche de bois ajufté à la douille de celui de fer.

K C. Rable du tifeur avec fon manche de bois.

e f. Grand rable.

g h. Manche de bois du grand rable.

PLANCHE XIX.

L'opération de curer.

Vignette. Vue perfpective du four, de fes arches & de la roue, le fpectateur placé vis-à-vis l'une des arches à pots.

Fig. 1. Ouvrier élochant la cuvette.

2. 2. Placeurs de cuvette, prêts à en tirer une du four pour être curée.

3. 3. Cureurs, dans l'inftant où ils curent une cuvette, l'un gratte les parois de la cuvette avec fon grapin, pour en détacher le verre qui y eft attaché; l'autre remplit de verre la poche d'un gamin.

4. Gamin recevant du verre dans fa poche.

5. 5. Placeurs de cuvette, attendant que celle qu'ils ont à la tenaille de leur chariot, foit curée pour la ramener à l'ouvreau.

N. 17. Glaces.

Bas de la Planche.

Fig. 1. Grand-mere.

2. Cornard.

3. Grapins.

4. Ferret.

5. Rabot.

6. Balai.

7. Pince propre à élocher la cuvette.

8. Plan du chariot à tenailles.

A B. C D. Poignées fur lefquels les ouvriers mettent les mains pour conduire le chariot.

E F. Clé fervant à maintenir les tenailles du chariot à l'ouverture qu'on defire au moyen d'une clavette.

9. Profil du chariot à tenailles.

10. Poche du gamin.

11. Procureur.

PLANCHE XX.

L'opération d'écrémer.

Vignette. Vue perfpective du four, des arches & de la roue du coin d'une des arches.

Fig. 1. Ecremeur dans l'inftant même où il écreme.

2. Ecremeur dans l'inftant où il arrange autour de fon pointil fur la plaque pofée fur le baquet, le coup de verre qu'il vient de prendre pour retourner en prendre un fecond.

3. Tifeur portant du bois à la glaïe.

Bas de la Planche.

Fig. 1. Ferret.

2. Pontil.

3. Graton.

4. Poche à tréjetter.

5. Gambier.

6. Crochet faifant office de gambier, & qu'on peut appeller *gambier à une main.*

7. Grande pince.

8. Grand crochet.

9. Plan du chariot à ferrace.

PLANCHE XXI.

L'opération de tréjetter.

Vignette.

Fig. 1. Tréjetteur prenant du verre dans le fond du pot.

2. Tréjetteur verfant dans la cuvette le verre qu'il a pris dans le pot.

3. Tréjetteur rafraîchiffant fa pôche dans le baquet.

4. Tréjetteur retournant à l'ouvreau, après avoir rafraîchi fa pôche.

Bas de la Planche.

Fig. 1. Profil du chariot à ferrace.

2. Vue perfpective du chariot à ferrace.

PLANCHE XXII.

L'opération de tirer la cuvette hors du four.

Vignette.

Fig. 1. Un maître tifeur tenant le talon de la grande pince pour l'amener fur la ferrace du chariot.

2. 2. 2. 2. Deux hommes fur chaque crochet occupés à tirer la cuvette fur la ferrace du chariot.

3. 3. Ouvriers tenant les poignées du chariot à ferrace, & attendant que la cuvette foit fur la ferrace pour l'emmener à la table.

Bas de la Planche.

Fig. 1. Crochet à tirer des larmes.

2. Croix à nettoyer la table.

3. Main.

4. Grillot.

5. Pelle.

B

6. Y grec dont on a mis le manche en deux parties, faute de pouvoir le placer dans l'étendue de la Planche, vu sa longueur.

PLANCHE XXIII.

Ecrémer sur le chariot à ferrace.

Vignette.
Fig. 1. 2. Les deux verseurs écrémant la cuvette avec leurs fabres.
3. 4. Deux grapineurs prenant avec leurs grapins l'écrémage de la cuvette, & le mettant dans la poche du gamin.
5. Gamin tendant sa poche pour recevoir l'écrémage.
6. 7. Ouvriers occupés à prendre la cuvette dans les tenailles.
8. Ouvriers prêts à écarter le chariot à ferrace, pour ne pas gêner l'opération.
9. Teneur de manivelle.

Bas de la Planche.

Fig. 1. Sabre.
2. Développement du manche du fabre.
3. Vue perspective du chariot à potence.
4. Profil du chariot à potence.
5. Plan du chariot à potence.

PLANCHE XXIV.

L'opération de verser & rouler.

Vignette.
Fig. 1. 2. Verseurs.
3. 4. Rouleurs.
5. 6. Teneurs de main.
7. 8. Grapineurs attentifs aux larmes ou faletés qui peuvent tomber de la cuvette, pour les arracher du flot de verre.
9. 10. Autres grapineurs disposés derriere les rouleurs, & se préparant à détacher les tringles après la glace coulée.
11. Teneur de manivelle.
12. Tiseur essuyant la table avec sa croix.
13. Ouvriers au chariot à ferrace prêts à venir reprendre la cuvette après la glace coulée pour la ramener au four.

Bas de la Planche.

Cette figure représente la table accompagnée des différens outils & instrumens qui servent aux opérations que la vignette représente, lesquels sont cachés dans la vignette par différens ouvriers.

PLANCHE XXV.

L'opération de pousser la glace dans la carcaise.

Vignette.
Fig. 1. 2. 3. Le maître tiseur aidé de deux ouvriers, poussant la glace avec la pelle.
4. 5. Les deux grapineurs de devant aidant à pousser la glace.
6. 7. Deux ouvriers appuyant sur la tête de la glace avec le grillot, pour empêcher la pelle de passer dessous.
8. 9. Les grapineurs de derriere dont un 9 écarte la glace du pié droit de l'entrée de la carcaise.

Bas de la Planche.

Fig. 1. Grande croix dont on a rompu le manche faute de place ; on voit en AB tout ce qui est en fer, & en CD le manche de bois qu'on y ajoute.
2. EF. Grand rabot.
3. Grand rabot en perspective avec son manche.
GH. Suite du manche en fer jusqu'à la douille.
KI. Manche en bois du grand rabot.

PLANCHE XXVI.

L'opération de sortir les glaces des carcaises.

Vignette.
Fig. 1. Ouvrier soutenant la tête de la glace, & réglant le mouvement des autres.
2. 4. 6. Trois ouvriers baissant également pour poser leur côté de glace sur les coëtes.
3. 5. 7. Trois ouvriers soutenant & élevant le côté opposé de la glace, pour lui donner la position verticale sur les coëtes.
8. Six ouvriers portant une glace à l'équarri.

Bas de la Planche.

Fig. 1. Crochet propre à tirer les glaces de la carcaise, dont on voit en AB le reste de la longueur du manche.
2. Regle divisée en pouces.
3. Equerre.
4. Mâchoire.
5. Marteau d'équarisseur.
6. Vue du marteau par son extrémité.
7. Bricole.
8. Egrugeoir ou pince à égruger.
9. Coëte ou chantier rembouré.
10. Diamant en rabot.

PLANCHE XXVII.

L'opération de mettre un pot à l'arche.

Vignette.
Fig. 1. Ouvrier en-dedans de l'arche tirant le pot à lui.
2. Ouvrier soutenant le pot au moyen d'une planche, pour donner le tems de reprendre le pot & le porter plus avant dans l'arche à ceux qui tiennent le bar, dont on voit le géométral dans la Planche XXXI.
3. 4. 5. 6. Ouvriers portant le bar à pot.

Bas de la Planche.

Fig. 1. Barre croche.
2. Barre d'équerre.
3. Dent-de-loup.
4. Moise.
5. Gros-diable.
6. Diable servant de pince.

PLANCHE XXVIII.

L'opération de tirer un pot de l'arche.

Vignette.
Fig. 1. Un ouvrier soutenant avec moise le pot déja abattu, pour le laisser poser doucement.
2. 3. Teneurs de crochet, dont l'un 2 vient d'ôter son crochet de dedans le pot, & l'autre 3 fait encore agir le crochet.
4. 5. 6. 7. Ouvriers amenant le grand chariot pour prendre le pot ; l'un 4 dirige la marche du chariot au moyen de la queue ; deux autres 6 , 7 , poussent aux roues, & le 5 pousse le chariot par un des boulons.

Bas de la Planche.

Fig. 1. Plan géométral du grand chariot, dont on voit en AB la longueur entiere de la queue.
2. Profil du grand chariot.

PLANCHE XXIX.

L'opération de mettre un pot au four.

Vignette.
Le four est vû du coin d'une arche qu'on suppose abattue, ainsi que la partie voisine du four, jusqu'à l'ouvreau du milieu, pour laisser voir l'intérieur du four.
Fig. 1. Maître tiseur guidant le mouvement de la fourche en en gouvernant la queue suivant le besoin.

2. 3. 4. 5. 6. 7. Ouvriers aidant au maître tiseur à conduire la fourche.

8. Ouvrier disposant le pot à prendre sa place au moyen de la barre croche.

9. 10. 11. Ouvriers soutenant le pot au moyen de la barre d'équerre, pour donner le tems à la fourche de se reprendre.

a. Dent-de-loup venant d'aider à relever le pot dans le four en passant par la glaïe opposée.

Bas de la Planche.

Fig. 1. Plan géométral de la fourche, au-dessous de laquelle on voit la suite de la queue.

2. Profil de la fourche.

P L A N C H E XXX.

L'opération de tirer les cuvettes de l'arche.

Vignette.

Fig. 1. 2. Ouvriers amenant la cuvette sur le bord de l'arche au moyen des crochets.

3. Ouvrier portant la cuvette au four, aidé de deux porteurs de gambier, 4. & 5.

6. 7. Placeurs de cuvette, attendant qu'elle soit sur la plaque pour la placer dans le four, au moyen du chariot à tenaille.

Bas de la Planche.

Fig. 1. Houlette dont le manche est représenté en deux parties, faute d'emplacement.

2. Bras servant à lever le rouleau sur la table.

3. Représentant les bras en action.

P L A N C H E XXXI.

L'opération de tirer le picadil qui est au fond du fourneau.

Vignette.

Fig. 1. Ouvrier ramenant sa poche pleine de picadil.

2. 3. Porteurs de gambiers attendant que le premier ouvrier ait besoin de rafraîchir sa poche.

4. Ouvrier rafraîchissant sa poche.

5. 6. Porteurs de gambiers qui ont aidé à l'ouvrier précédent à porter sa poche au baquet.

7. Gamin remettant de l'eau dans un baquet.

Bas de la Planche.

Fig. 1. Plan géométral du danzé.

2. Vûe perspective du danzé.

3. Profil du danzé.

4. Poche à picadil.

5. Grand bar, ou bar double, servant à porter les pots à l'arche, comme on l'a vû dans une des Planches précédentes.

6. Profil du grand bar.

P L A N C H E XXXII.

Plan, coupe & élévation d'une carcaise.

Fig. 1. Géométral de carcaise.

A. Tisar de derriere.

B. Profondeur du cendrier qui se trouve au-dessous du terrein.

C. Tisar de devant.

D. Gueule de la carcaise.

E E. Lunette.

2. Coupe en longueur de la carcaise par le milieu de sa largeur.

A. Tisar de derriere.

B. Cendrier.

D. Gueule de la carcaise.

3. Elévation extérieure du devant de la carcaise.

C. Tisar de devant.

D. Gueule de la carcaise.

4. Coupe de la carcaise & élévation intérieure de son devant.

C. Tisar de devant.

D. Gueule de la carcaise.

5. Elévation extérieure du derriere de la carcaise.

A. Tisar de derriere.

B. Cendrier.

E E. Lunettes.

6. Coupe de la carcaise, & élévation intérieure de son derriere.

A. Tisar de derriere.

B. Cendrier.

E E. Lunettes.

D E S G L A C E S S O U F F L É E S.

P L A N C H E XXXIII.

Cette Planche représente le plan général de la halle où l'on souffle les glaces. AA, AA, &c. sont les entrées principales; A A le grand fourneau; B B les portes; C C le fourneau à fondre la matiere; D D, &c. les ouvreaux; E E, &c. les creusets ou pots; F F, &c. les arches; G G, &c. les lunettes; H H, &c. les chenets; I I, &c. les bouches des arches, K la table à souffler; L traiteau à percer; M la selle; N la chaise; O le marchepié de la chaise; P la table à applatir les glaces; Q glace applatie; R la selle; S S, &c. baquets à rafraîchir la matiere lorsqu'elle est trop chaude; T T, portes des galeries des fours à recuire les glaces; U U U, &c. les galeries; V V, &c. l'âtre des fours où l'on fait recuire les glaces; X X, &c. les foyers; Y Y, &c. petits murs de refend soutenus par une petite arcade; Z Z, &c. les bouches des fours, &c. & glaces en recuit.

P L A N C H E XXXIV.

Le haut de cette Planche représente un attelier où plusieurs ouvriers sont occupés à souffler les glaces; l'un *a*, à tirer la matiere chaude du pot au bout de la selle; un autre *b*, à la rafraîchir sur un baquet; un autre *c*, à souffler pour en former une bouteille; un autre *d*, à la rafraîchir, s'il est nécessaire, tandis qu'un autre en *e* jette de l'eau dessus; un autre *f*, à balancer la matiere soufflée pour la faire allonger; un autre en *g* qui va la percer; un autre enfin en *h*, apportant avec soi des cannes, des selles, & autres ustensiles.

Fig. 1. Coupe du four sur la longueur.

2. Coupe sur la largeur.

3. Elévation sur le petit côté.

4. Elévation sur le grand côté du grand fourneau à fondre la matiere. P, F les arches; D, D, D ouvreaux.

P L A N C H E XXXV.

Le haut de cette Planche représente un même attelier & la suite du même ouvrage. Un ouvrier en *a* est occupé à réchauffer la matiere à un ouvreau; un en *b* à tenir la matiere soufflée & allongée sur le treteau, tandis qu'un autre en *c* l'ouvre avec le poinçon; un autre ouvrier en *d* à tenir la même matiere percée sur un autre treteau, tandis qu'un autre *e* l'ouvre avec le procello; un autre monté sur la chaise en *f*, tient perpendiculairement la matiere ouverte, tandis qu'un autre *g* la fend avec les ciseaux; plus loin en *h* est un autre ouvrier occupé à descendre du bois.

Fig. 1. Coupe sur la longueur d'une galerie, & d'un des fours.

1. 2. Coupe transversale d'une partie des fours à recuire, & de leurs galeries. A A galerie; B B bouche du four; C âtre; D petit mur soutenu sur une arcade; E foyer; F porte de la galerie; G G dessus des fours.

P L A N C H E XXXVI.

Le haut de cette Planche représente le même attelier & la suite du même ouvrage. Un ouvrier en *a* est occupé à attacher une canne pleine à la matiere ouverte & fendue, tandis qu'un autre en *b* sépare la selle appuyée sur le treteau; un autre ouvrier en *c* l'apporte sur le treteau pour la faire ouvrir par un autre en *d* avec le procello, tandis qu'un autre en *e* la soutient; un autre ouvrier en *f*, monté sur la chaise la tient perpendiculairement, tandis qu'un autre *g* la coupe avec les ciseaux ; un autre enfin en *h* la porte sur la table pour la dresser.

Fig. 1. Elévation perspective d'un levier propre à porter & à enlever les pots ou creusets dans le fourneau. A A le levier ; B le montant ; C le cordage ; D la poulie ; E le moulinet ; l'essieu ; G les roues.

2. Bout de levier. A le tenon.

3. Extrémité du montant. A la moufle ; B la poulie.

4. Crampon pour arrêter le cordage sur le levier. A A les pattes.

5. Montant. A la moufle ; B B les mortaises ; C le tenon.

6. & 7. Contre-fiches. A A les tenons supérieurs ; B B les tenons inférieurs.

8. Levier principal. A la moufle.

9. Manivelle. A la clé ; B le manche.

10. Moulinet. A A les tourillons.

11. Support du moulinet. A A les pattes.

PLANCHE XXXVII.

Le haut de cette Planche représente l'intérieur d'une des galeries où sont les fours à recuire les glaces ; on voit des ouvriers occupés ; les uns en *a a* à mettre les glaces en recuit, tandis que d'autres en *b* descendent du bois.

Fig. 1. Elévation ; *fig.* 2. coupe ; *fig.* 3. plan du bas ; & *fig.* 4. plan du haut d'une carcaise à étendre. A le fourneau ; B le petit mur de brique ; C le foyer ; D le cendrier ; E la bouche du fourneau, F le dessous du fourneau ; G la porte ; H la cheminée ; I le dessus du fourneau.

PLANCHE XXXVIII.

Opérations progressives de la maniere de souffler les glaces.

Fig. 1. Matiere prise au four. A la matiere ; B la canne creuse ou felle.

2. La matiere soufflée. A la bouteille ; B la felle.

3. La matiere soufflée & pointue. A la bouteille ; B la felle.

4. La matiere allongée. A la bouteille ; B la felle.

5. La matiere en perce avec le poinçon. A la bouteille ; B la felle ; C le poinçon.

6. La matiere percée. A la bouteille ; B l'ouverture ; C la felle.

7. La matiere lorsqu'on l'ouvre avec le procello. A la bouteille ; B le procello ; C la felle.

8. La matiere ouverte. A la bouteille ; B l'ouverture ; C la felle.

9. La matiere ouverte & fendue. A la bouteille ; B la fente ; C la felle.

10. La matiere lorsqu'on la change de canne. A la bouteille ; B la fente ; C la felle ou canne creuse ; D la canne pleine.

11. La matiere percée par l'autre bout & lorsqu'on l'ouvre avec le procello. A la bouteille ; B le procello ; C la canne.

12. La matiere ouverte & aggrandie. A la bouteille ; B l'ouverture ; C la canne.

13. La matiere fendue d'un bout à l'autre. A la bouteille ; B la fente ; C la canne.

14. La matiere dressée en forme de glace. A la glace ; B la canne.

15. 16. Canne creuse ou felle. A le té ; B le manche.

17. Canne ou felle non creuse. A le triangle ; B le manche.

18. Autre felle non creuse. A la roue ; B le manche.

19. Demi-procello. A la tête ; B la branche.

20. Procello. A la tête ; B B les branches.

21. Poinçon. A le poinçon ; B la tête.

22. Masse. A la tête ; B le manche.

23. Ciseaux. A A les mors ; B B les branches.

24. Petit mortier. A le mortier.

POLI DES GLACES.

PLANCHE XXXIX.

Le haut de cette Planche représente un attelier où plusieurs ouvriers sont occupés, les uns en *a* à dresser de grandes glaces ; sur le banc de roue, un en *b* & un autre en *c* à en dresser de plus petites ; sur le banc de moilon, un autre en *d* à préparer sa glace à être dressée ; dans le fond de l'attelier en *e* est le dépôt des glaces brutes.

Fig. 1. Banc à dresser des petites glaces. A A la table. B B, &c. les treteaux. C C la pierre de liais. D D, &c. les glaces inférieures, qu'on appelle *levée*. E E les glaces supérieures ou dessus. F F les tablettes. G G les moilonages. H H les chassis de bois. I I, &c. les pommes.

2. Inférieur de la table. A A les traverses de longueur. B B les traverses de largeur. C C la feuillure. D D, &c. les traverses inférieures. E E le fond de la table.

PLANCHE XXXX.

Fig. 1. Pierre de liais du banc à moilonner. A A A les trois morceaux.

2. Glace de dessus.

3. La tablette. A A les trous des chevilles. B le trou du moilon.

4. Pierre de moilon. A A les trous des chevilles.

5. Chassis de moilon. A A les trous des chevilles.

6. & 7. Chevilles. A A les pommes. B B les tiges.

8. Gouge. A le taillant. B le manche.

9. Ciseau. A le taillant. B le manche.

10. Fermoir. A le taillant. B le manche.

11. A Palette. B le manche.

12. Auge à contenir le grès.

13. Escabeau à soutenir l'auge. A le dessus. B B les piés.

14. Tréteau à soutenir la table. A A le dessus. B B les piés.

PLANCHE XXXXI.

Fig. 1. Banc de roue. A A la roue. B le pivot. C C, &c. les supports. D D, &c. les pierres de charge. E E la tablette. F la glace de dessus. G la levée. H H la pierre de liais. I I, &c. la table. K K, &c. les tréteaux.

2. Tablette. A A la tablette. B B les supports. C le pivot.

3. Roue. A A, &c. les jantes. B B, &c. les rayons. C le moyeu.

4. Pierre de charge.

5. Pivot. A la tablette. B le boulon.

6. & 7. Supports. A l'entaille des rayons. B B les pattes.

PLANCHE XXXXII.

Le haut de cette Planche représente l'attelier où l'on polit les glaces ; c'est la même manœuvre par-tout qui consiste simplement à tirer & pousser alternativement la moilette à polir sur tous les traits du grès que portent les glaces.

Fig. 1. Etabli à polir. A A l'établi. B la traverse. C le support. D D les pierres de liais. E E la glace. F la mollette à polir. G le manche de la moilette. H H, &c. la fleche. I la boîte de la fleche. K la table supérieure. L L les supports de la table supérieure.

2. Pierre à glace. A la pierre. B la glace scellée.

3. Sebile à contenir l'émeril. A la sebile. B la spatule.

4. Demi-fleche supérieure. A le bout du côté de la pointe. B le bout du côté de la jonction.

5. Demi-fleche inférieure. A le bout du côté de la moilette à polir. B le bout du côté de la jonction.

6. Boîte de jonction de flexion.

7. Piton de fleche. A la tête. B la pointe.
8. Broſſe.
9. Moilette à polir. A la rainure du manche.
10. Manche de moilette à polir.
11. Moilette de drap.

Machine à polir les glaces, établie à Saint-Yldefonſe, près Madrid, repréſentée dans les quatre Planches ſuivantes numerotées.

PLANCHE XXXXIII.

Plan général de la machine pris au rez-de-chauſſée.
A le courſier du côté d'amont, par lequel l'eau vient ſur la roue. B C la roue à augets. D E l'arbre & les tourillons de la grande roue. F F, G G, deux autres roues ou hériſſons fixés ſur l'arbre de la roue à augets. *a*, *c*, lanternes dans leſquelles les hériſſons engrenent. *b*, *d*, manivelles ſervant d'axes aux lanternes. H H, I I, tirans pour communiquer le mouvement au grand chaſſis. K L M N, O P, Q R, entre-toiſes des longs côtés du chaſſis. S S S, &c. poliſſoires fixées ſur les entre-toiſes. T T T poliſſoires fixées aux longs côtés du chaſſis; l'enceinte formée par des lignes ponctuées indique le contour de tables de pierres, ſur leſquelles on ſcelle les glaces pour les polir. V V V V quatre poteaux de bois poſés ſur des dés de pierre, ſervant à ſoutenir le plancher au-deſſus duquel eſt un ſecond attelier, comme on verra dans les Planches ſuivantes.

PLANCHE XXXXIV.

Elévation latérale, & coupe par le milieu de la longueur du courſier.
B B fond du courſier. B B B trompe ſervant d'embouchure au courſier du côté d'aval. B B B B courſier du côté d'aval. B C la grande roue à augets. E tourillon à l'extrémité de l'axe. G G hériſſon fixé ſur l'arbre. *c* lanterne. *d* manivelle de la lanterne. A X courſier du côté d'amont, par lequel l'eau arrive ſur la roue.
I I tirant pour communiquer le mouvement aux chaſſis. *ff* jumelles fixées ſur les entre-toiſes de la cage de charpente qui renferme la grande roue N N, L L profils des longues barres du chaſſis inférieur. N, L profil des longues barres du chaſſis de l'attelier ſupérieur. N N 13, L L 14 chaînes qui ſuſpendent le chaſſis inférieur; elles ſont mobiles aux points 13, 14. I *d* troiſieme chaîne ou levier mobile au point 1, & dans la longue mortaiſe *d* duquel paſſe le coude de la manivelle, qui imprime à ces trois pieces un mouvement d'oſcillation. 11, 3. L L, 4, leviers du premier genre mobiles en *ff*, qui communiquent le mouvement au chaſſis ſupérieur N, L; ces deux leviers ſont aſſemblés à charniere au chaſſis inférieur. 9, 10, 11, 12, regles fixées aux longs côtés du chaſſis inférieur, leſquelles portent chacune deux poliſſoires. *qr* tables de pierres ſur leſquelles les glaces ſont ſcellées pour être polies. *ft*, *ft*, & dez des pierres ſur leſquelles les tables ſont poſées.
Au ſecond étage. *op* patins & chevalets de charpente qui portent les tables *mm*, *nn*, ſur leſquelles les glaces ſont poſées pour être polies. N, L chaſſis ſupérieur,

3, 4 fourches qui tiennent les regles 5, 6. 7, 8, ſur chacune deſquelles il y a quatre poliſſoires montées.

PLANCHE XXXXV.

Elévation & coupe de la machine par un plan parallele à l'arbre de la grande roue, & par conſéquent perpendiculaire à la longueur du courſier, dont on voit dans le lointain la partie d'aval.
B partie d'aval du courſier. B C la grande roue à augets. D E arbre de la grande roue. F G hériſſons qui conduiſent les lanternes. *a*, *c*, les lanternes. *b d* manivelles des lanternes. *b* 1, *d* 2, chaînes ou leviers qui communiquent le mouvement aux chaſſis, *gg*, *hh*, entre-toiſes ſur leſquelles ſont les tourillons des leviers; 3, 4, fourchettes qui embraſſent les longs côtés du chaſſis ſupérieur. *kl*, *mm*, table ſur laquelle les glaces ſont poſées. *ooo*, *ppp*, patins & chevalets qui ſupportent les tables.

PLANCHE XXXXVI.

Repréſentation perſpective de la machine entiere, on a ſuppoſé les murailles & les planchers en partie abattus, pour laiſſer voir des parties qui ſans cela auroient été cachées.
X A courſier qui amene l'eau ſur la roue. C la roue à augets. B B B B ſortie du courſier. G partie d'un des deux hériſſons. *c* lanterne dont les tourillons de l'axe repoſent ſur les ſolives. *d* manivelle de la lanterne.
Au rez-de-chauſſée. *ſt*, *ſt*, dez de pierre ſur leſquels poſent les tables de pierre *q rr* où on affermit les glaces pour les polir. N N, L L K K chaſſis inférieur. Le long côté L L K K eſt garni de regles qui portent chacune deux poliſſoires T T, &c. on a ſupprimé les regles & les poliſſoires de l'autre long côté. N N, R Q tringles ou petits côtés du chaſſis qui portent chacune quatre poliſſoires, comme il eſt marqué au plan Planche I. *d* 1, *d* 1, tirans qui communiquent le mouvement du levier *d* 1 aux chaînes I 13, I 15, qui ſuſpendent le chaſſis inférieur.
3, 4, leviers mobiles entre les jumelles *ff*, aux extrémités deſquelles ils ont en *f* leur point d'appui : ces leviers ſupportent les longs côtés du chaſſis ſupérieur L K, N M.
L K côté du chaſſis ſupérieur, ſur lequel ſont les regles prêtes à recevoir chacune quatre poliſſoires.
N M autre côté du chaſſis ſupérieur prêt à recevoir les regles. *mmm*, *nnn* tables pour polir les glaces. *ooo*, *ppp* patins & chevalets qui ſupportent les tables de l'attelier ſupérieur.
Le diſcours ſur les glaces coulées qu'on trouvera dans le Dictionnaire à l'article VERRERIE, & les explications des Planches ſur cette partie ſont de M. ALLUT le fils; les deſſeins de ces Planches ſont de M. GOUSSIER, qui les a exécutées à la manufacture de Rouelle; on peut compter ſur leur exactitude. Le diſcours, les Planches & les explications ſur les glaces ſoufflées ſont d'une autre main. Le diſcours ſur le poli des glaces eſt auſſi de M. ALLUT le fils. Les deſſeins & les explications des Planches de la machine de S. Yldefonſe ſont auſſi de M. GOUSSIER.

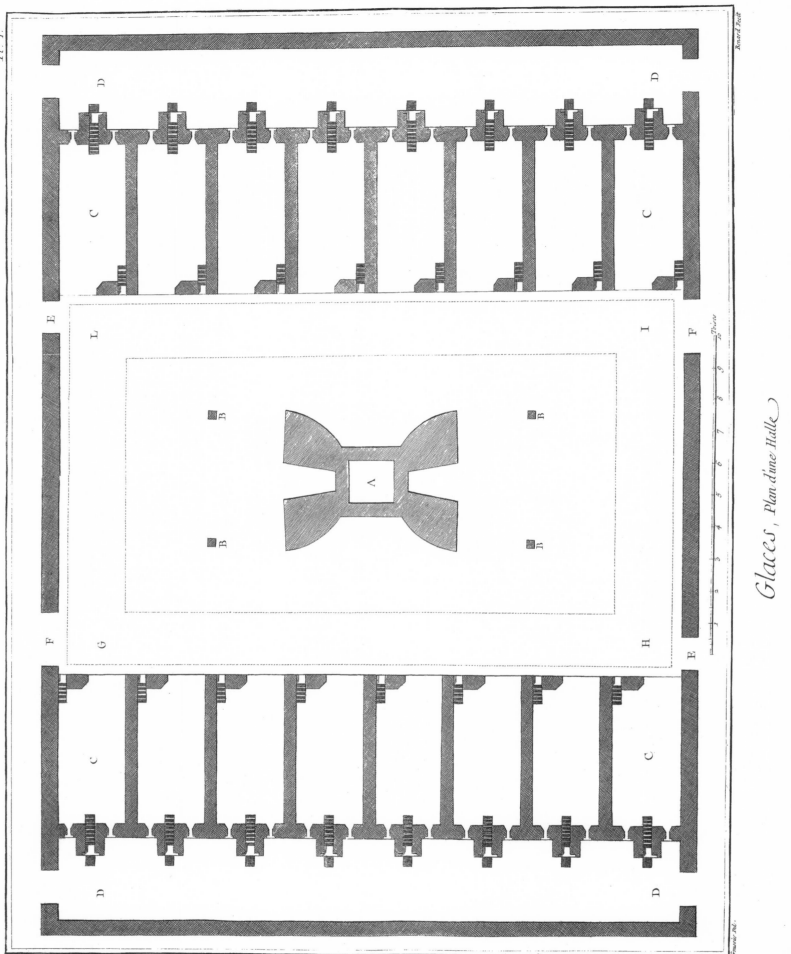

Pl. 1.

Glaces, *Plan d'une Halle*

Pl. II.

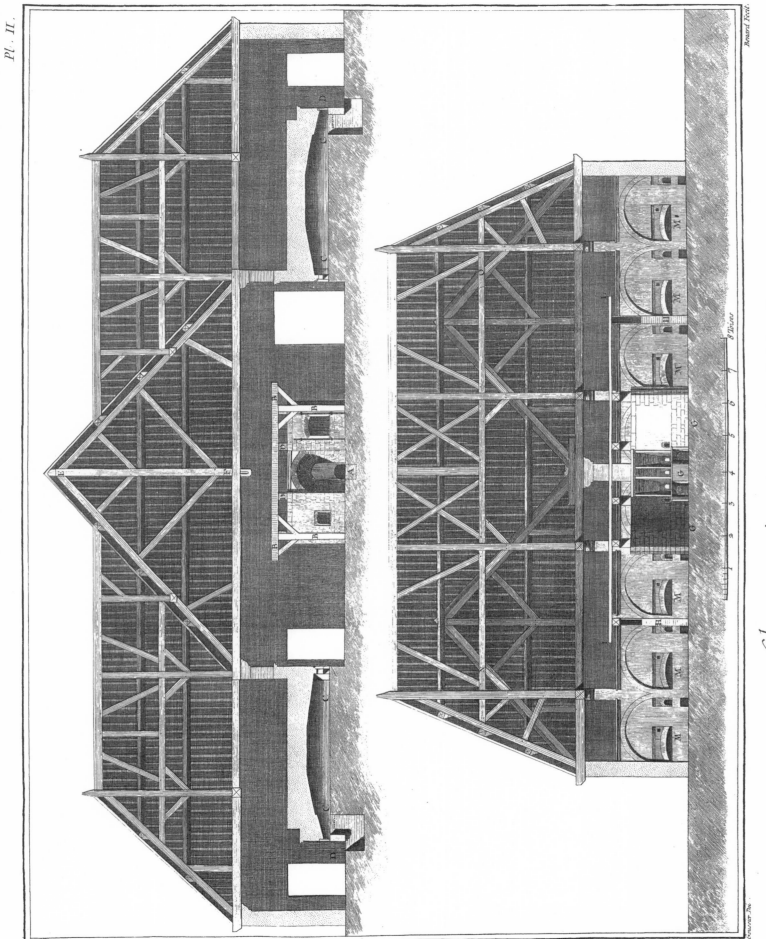

Glaces, coupes Longitudinalle et transversalle de la Halle.

Pl. III.

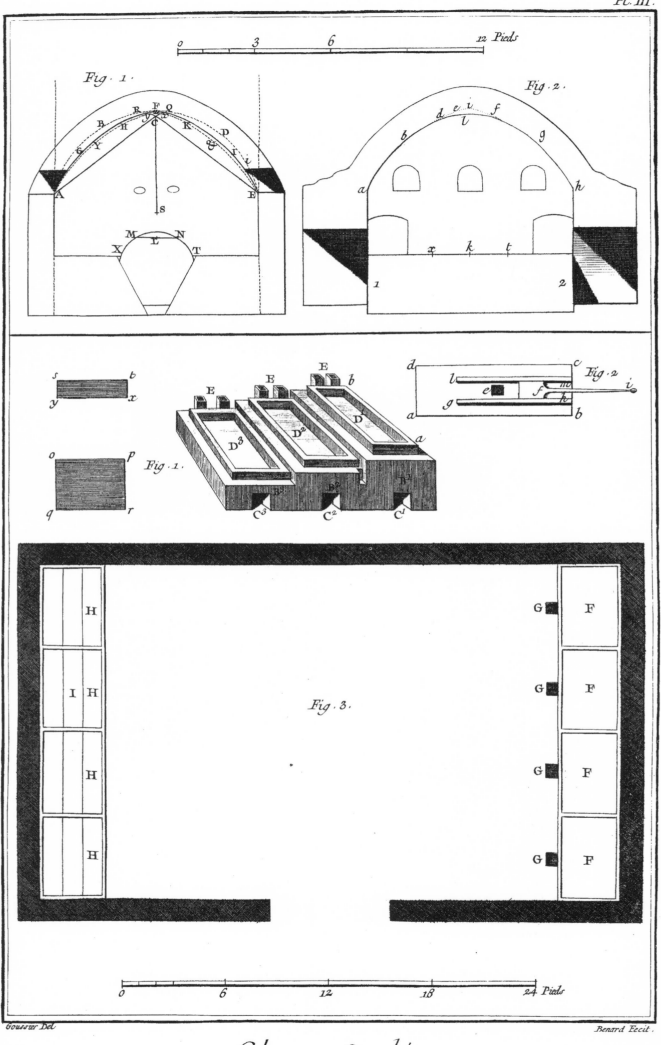

Glaces Coulées.

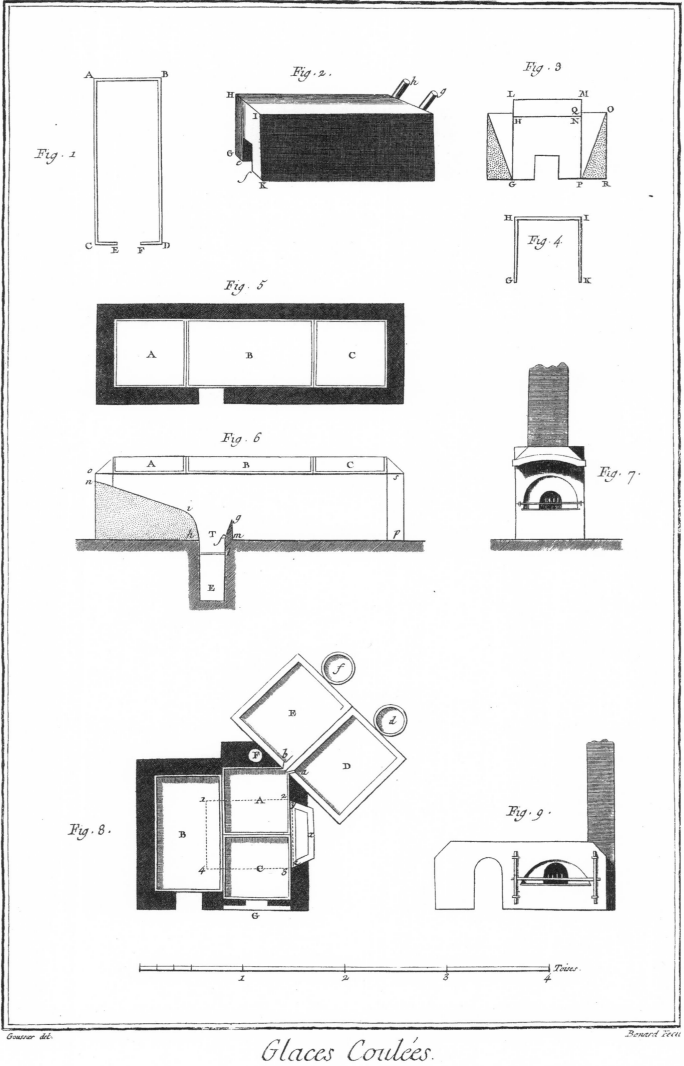

Fig. 1.

Fig. 2.

Fig. 3.

Fig. 4.

Fig. 5.

Fig. 6.

Fig. 7.

Fig. 8.

Fig. 9.

Toises.

Gousser del.

Benard Fecit.

Glaces Coulées.

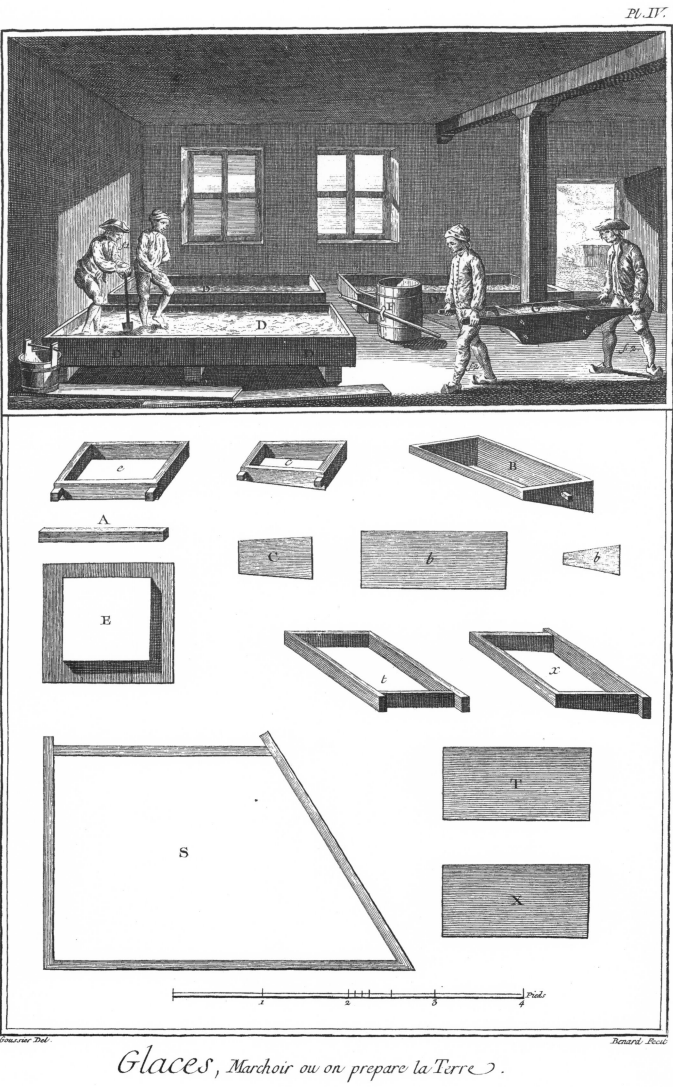

Pl. IV.

Goussier Del.

Benard Fecit.

Glaces, Marchoir ou on prepare la Terre.

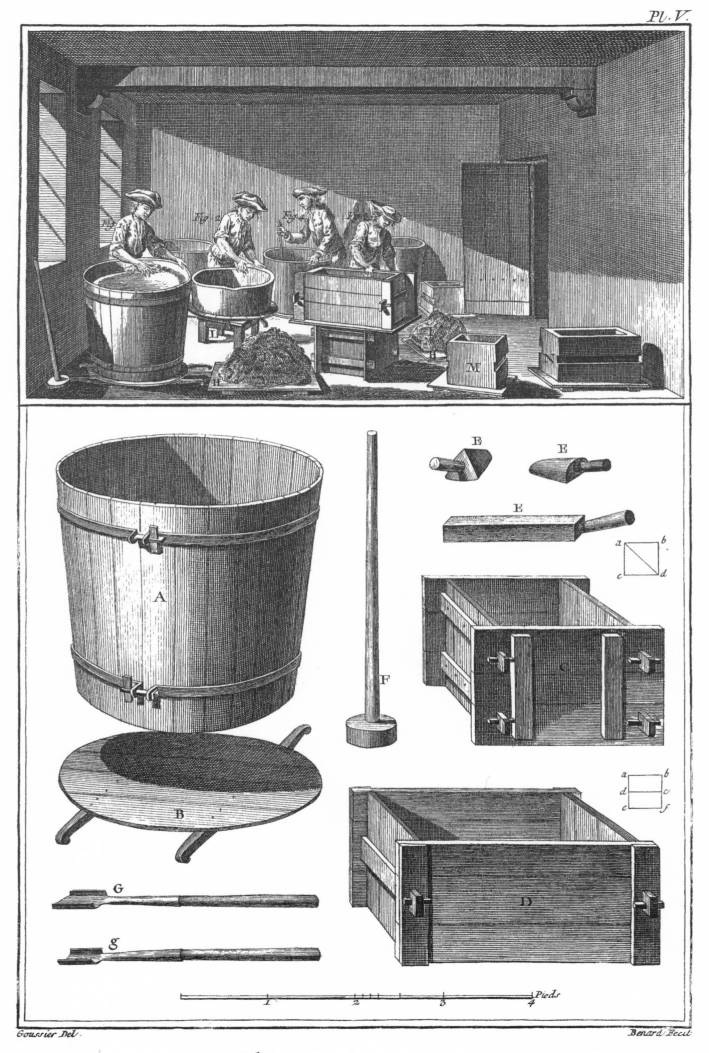

Pl. V.

Goussier Del.

Benard Fecit.

Glaces, Attelier des Mouleurs.

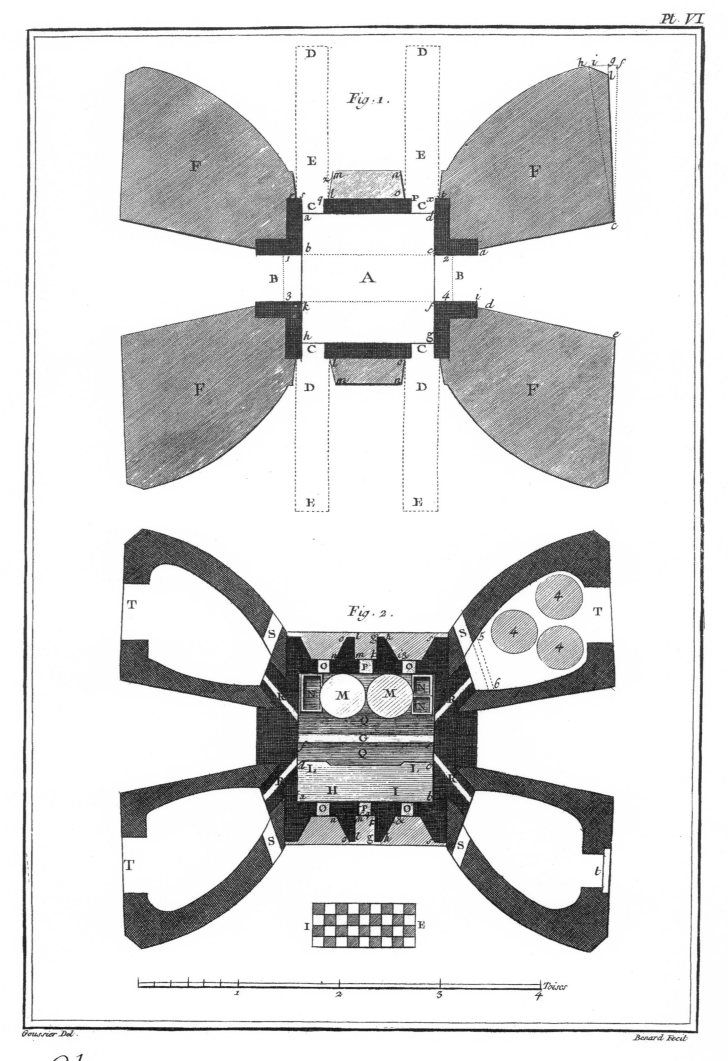

Pl. VI

Fig. 1.

Fig. 2.

Toises

Goussier Del.

Benard Fecit.

Glaces, Plans du Fourneau au Rez de Chaussée et a la hauteur des Ouvreaux

Pl. VII

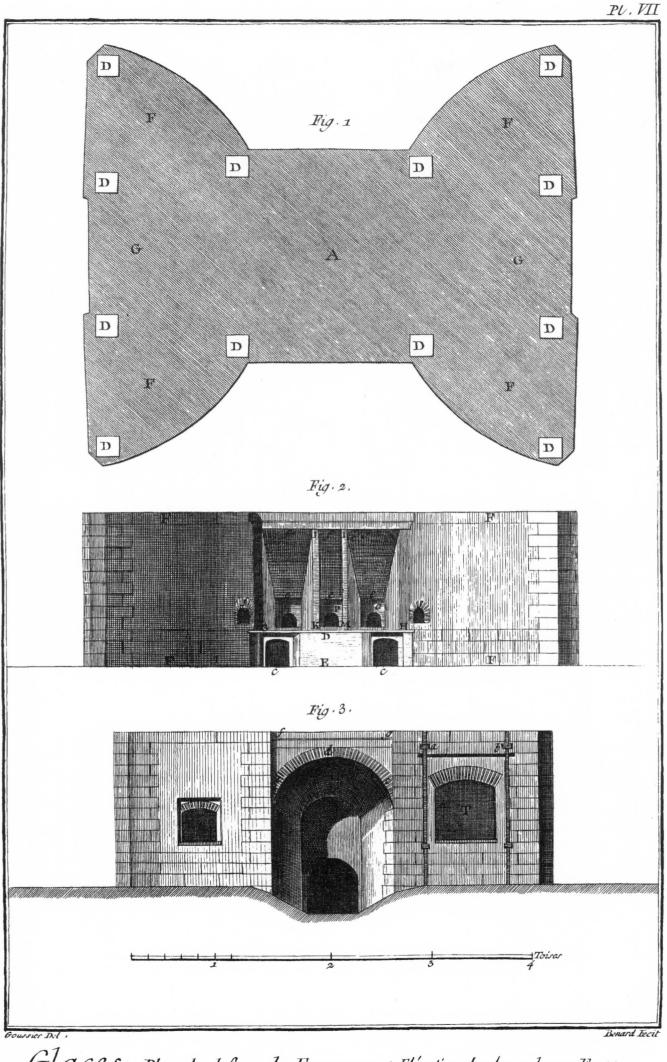

Fig. 1.

Fig. 2.

Fig. 3.

Toises

1   2   3   4

Goussier Del.   Benard Fecit.

Glaces, Plan du deſſus du Fourneau, et Elévation de deux de ses Faces.

Pl. VIII.

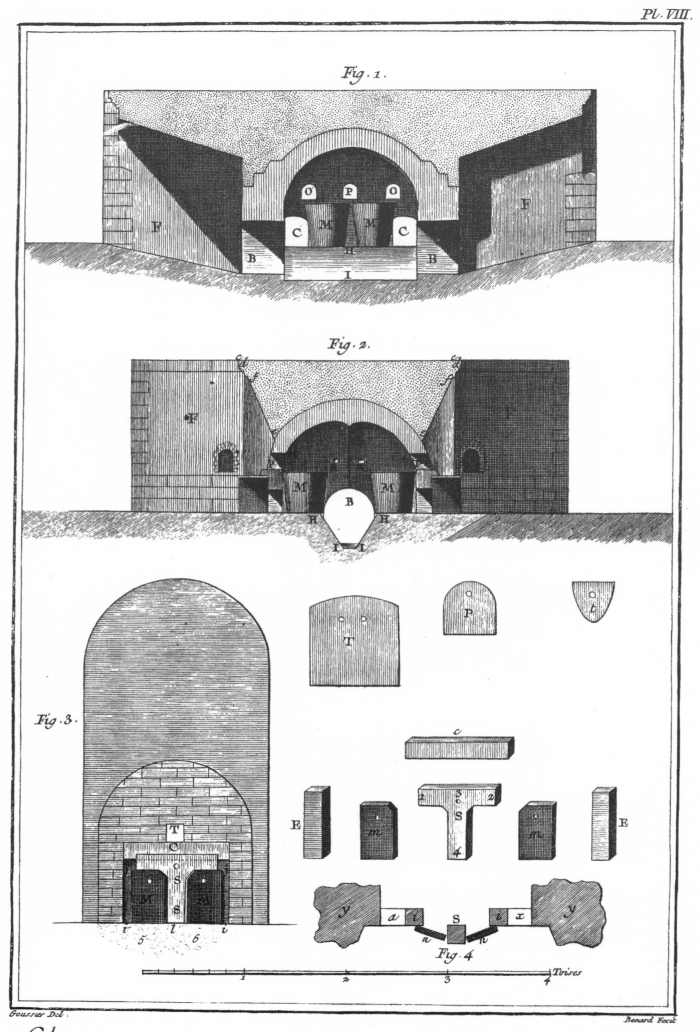

Fig. 1.

Fig. 2.

Fig. 3.

Fig. 4.

Glaces, Coupes Longitudinale et Transversalle du Fourneau, et développement de la fermeture de la Glaye.

Pl. IX

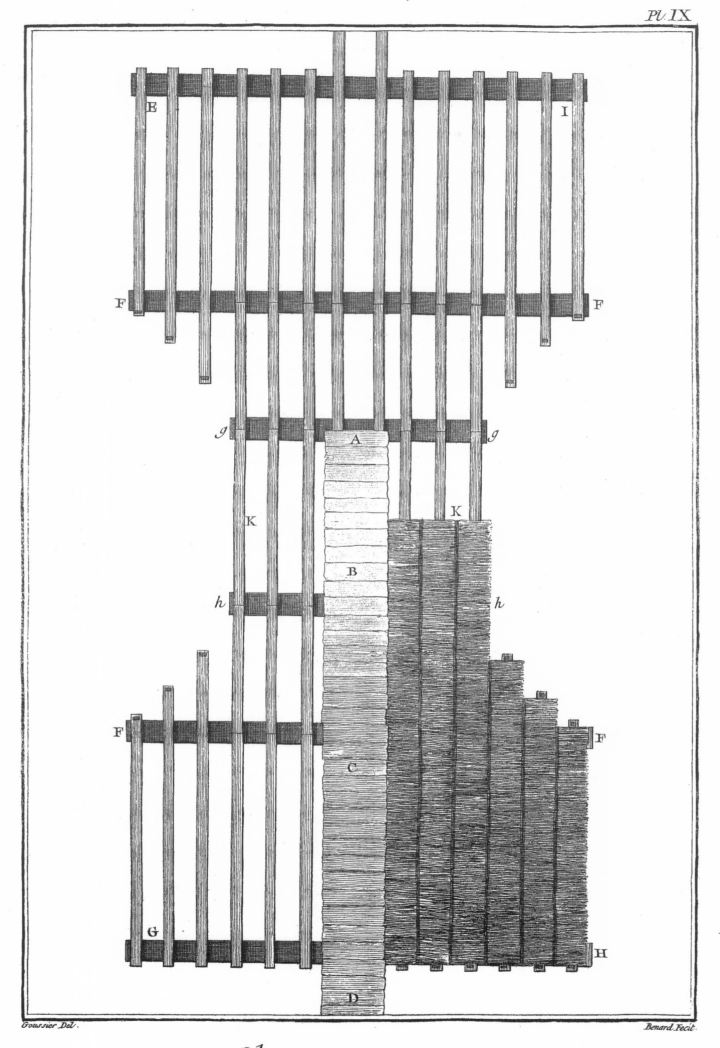

Glaces, Plan de la Roue.

Pl. X

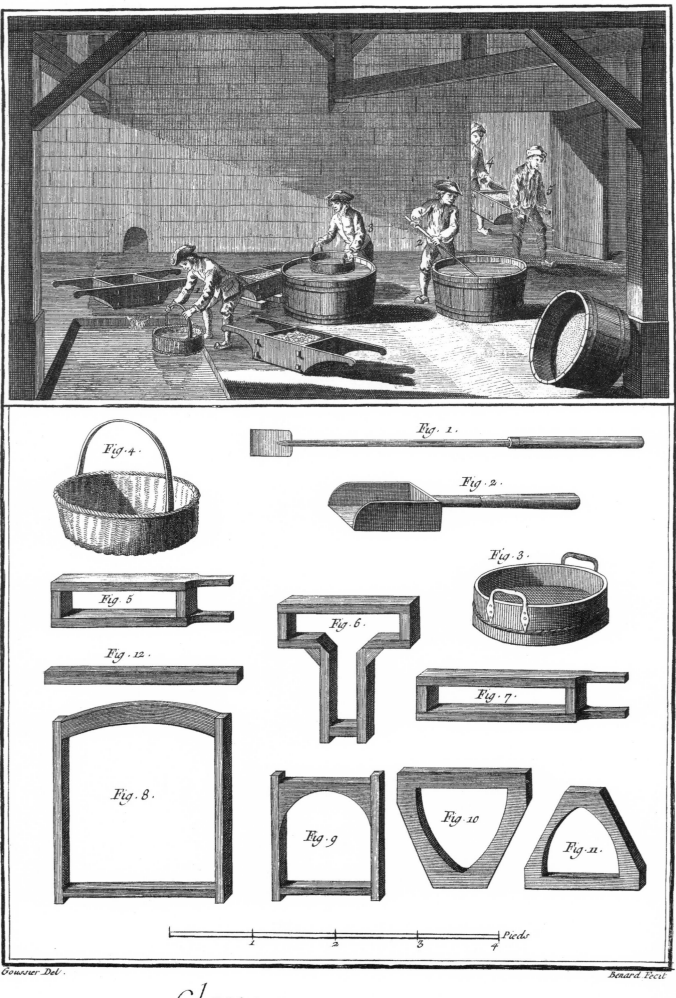

Fig. 1.

Fig. 4.

Fig. 2.

Fig. 3.

Fig. 5

Fig. 6.

Fig. 12.

Fig. 7.

Fig. 8.

Fig. 9.

Fig. 10

Fig. 11.

Pieds

1   2   3   4

Goussier Del.

Benard Fecit.

Glaces, Lavage du Sable et calcin.

Pl. XI

Fig. 1

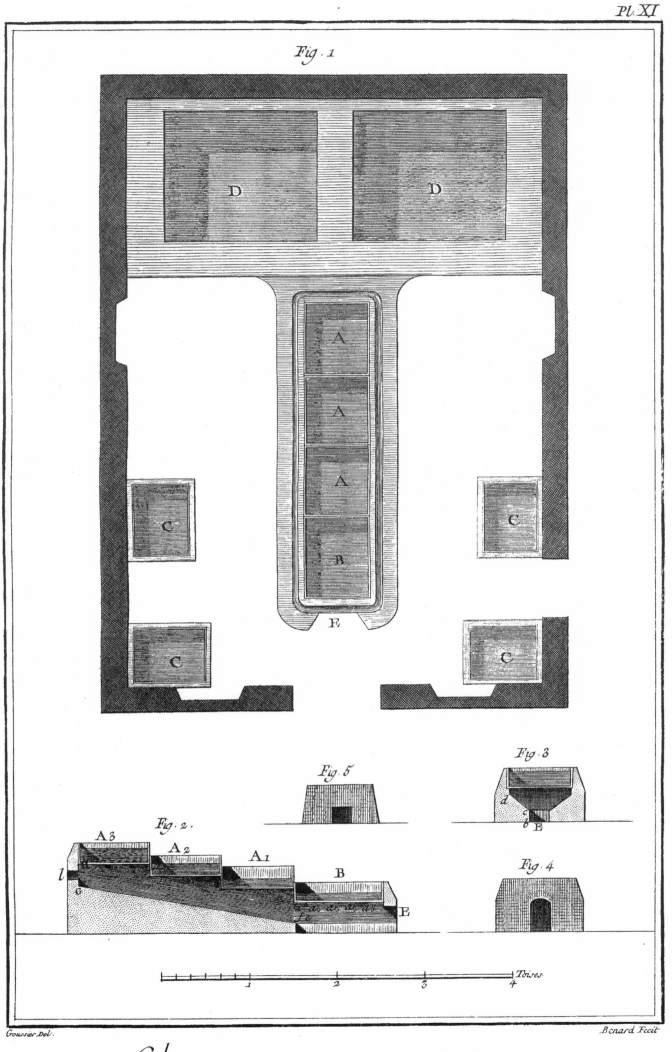

Fig. 5

Fig. 3

Fig. 2

Fig. 4

Toises

Goussier Del.

Benard Fecit.

Glaces, Attelier pour extraire le Sel de la Soude.

Pl. XII

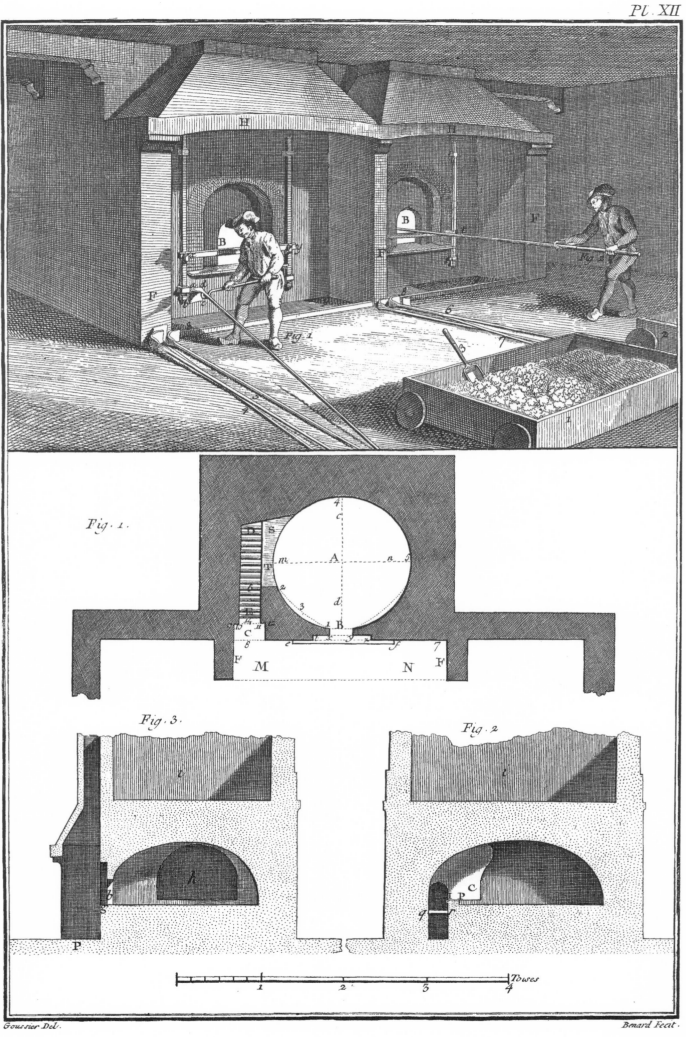

Glaces, Four 'a Fritte.

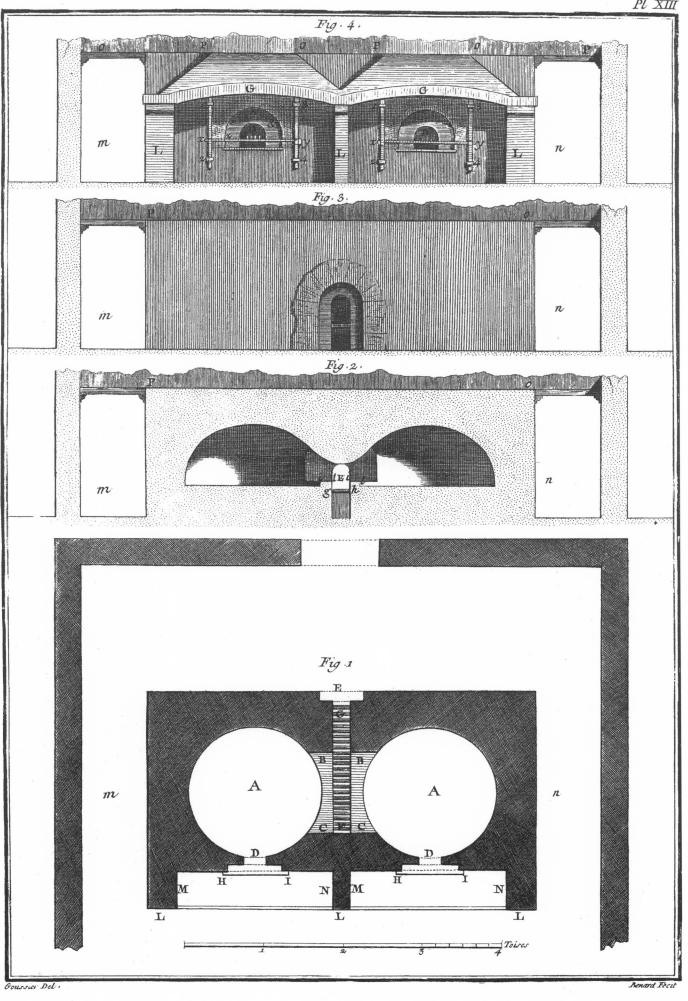

Pl. XIII

Fig. 4.

Fig. 3.

Fig. 2.

Fig 1.

Toises

Goussier Del.

Benard Fecit.

Glaces, Élévations Coupe et Plan d'un Four à Fritte double.

Pl. XIV

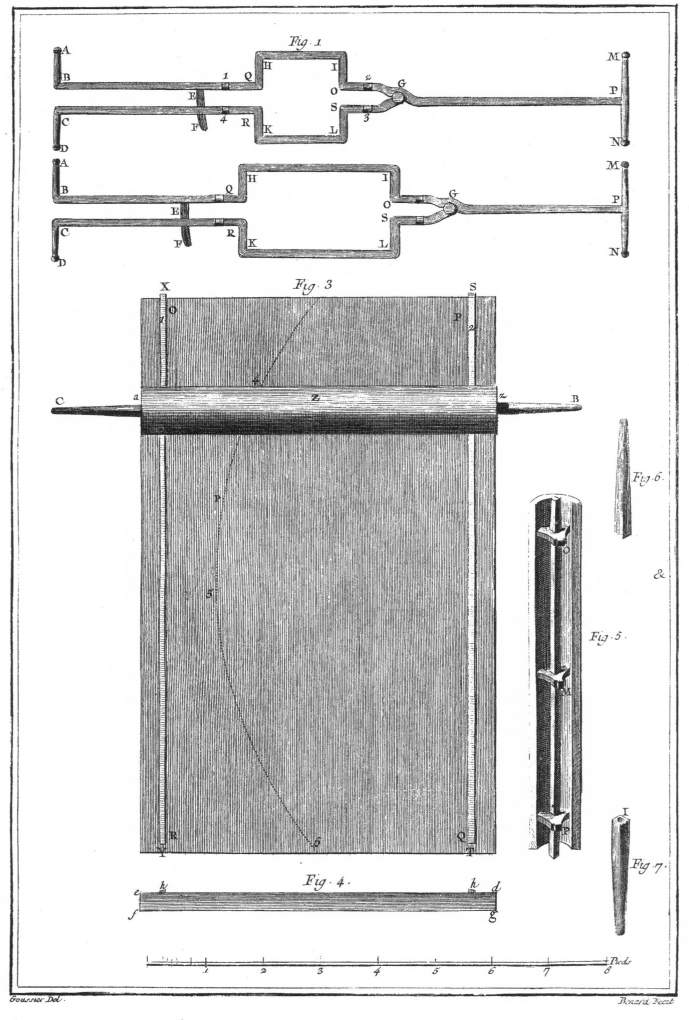

Fig. 1

Fig. 3

Fig. 6.

&

Fig. 5.

Fig. 7.

Fig. 4.

Pieds

Goussier Del.

Bonard Fecit

Glaces, *Plan des Tenailles et de la Table*.

Pl. XV

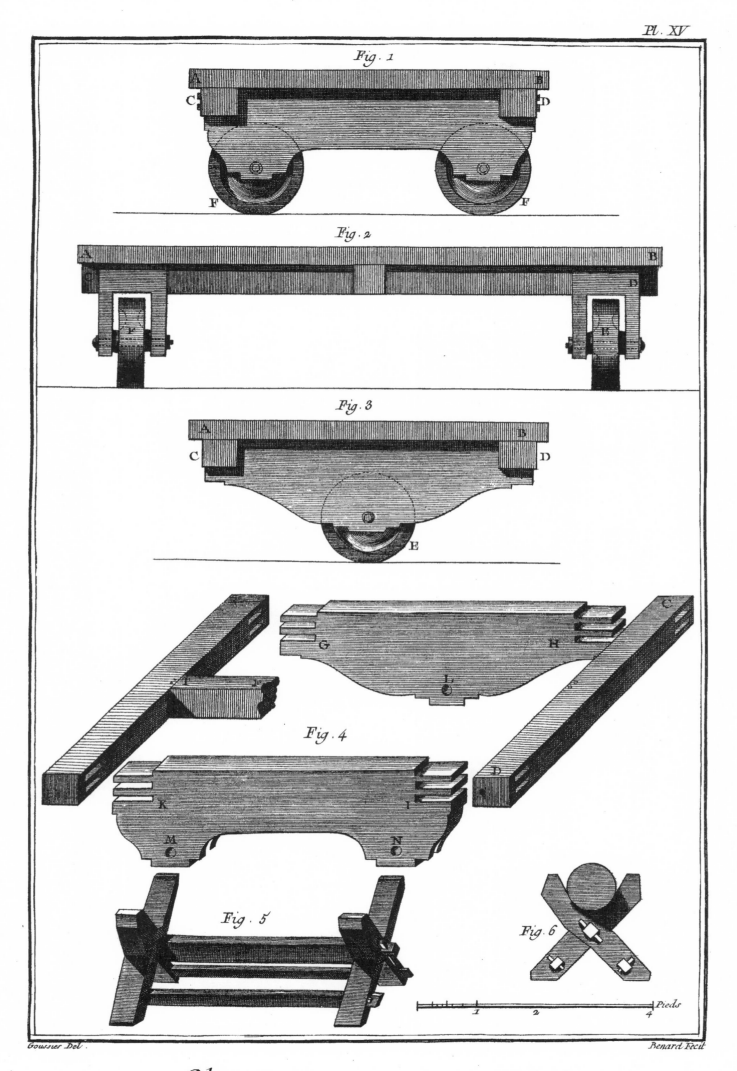

Fig. 1

Fig. 2

Fig. 3

Fig. 4

Fig. 5

Fig. 6

Pieds

Goussier Del.

Benard Fecit

Glaces, Dévelopemens du Pied de la Table.

Pl. XVI.

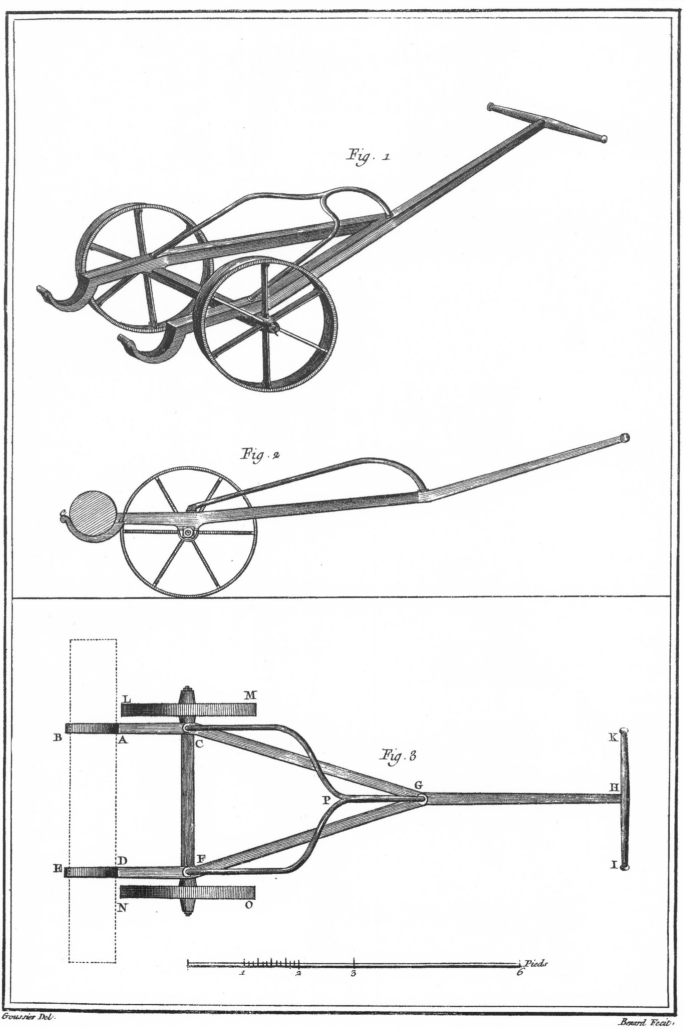

Fig. 1

Fig. 2

Fig. 3

Pieds

Goussier Del.

Benard Fecit.

Glaces, Chariot à Rouleau

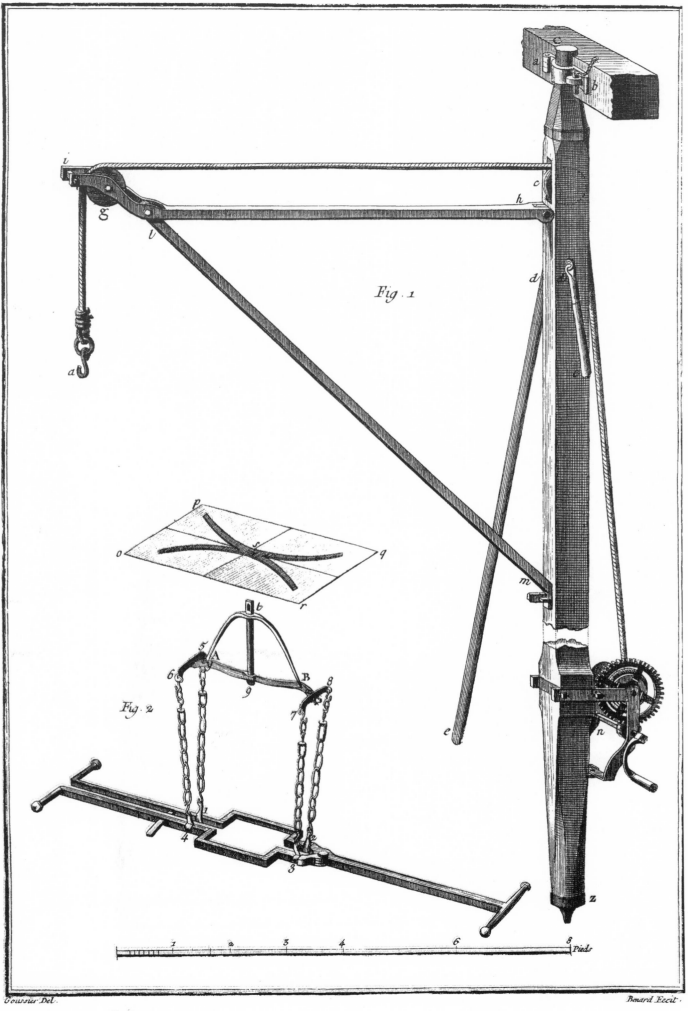

Fig . 1

Fig . 2

Goussier Del.

Benard Fecit.

Glaces, *Dévelopement de la Potence et de la Tenaille.*

Pl. XVIII

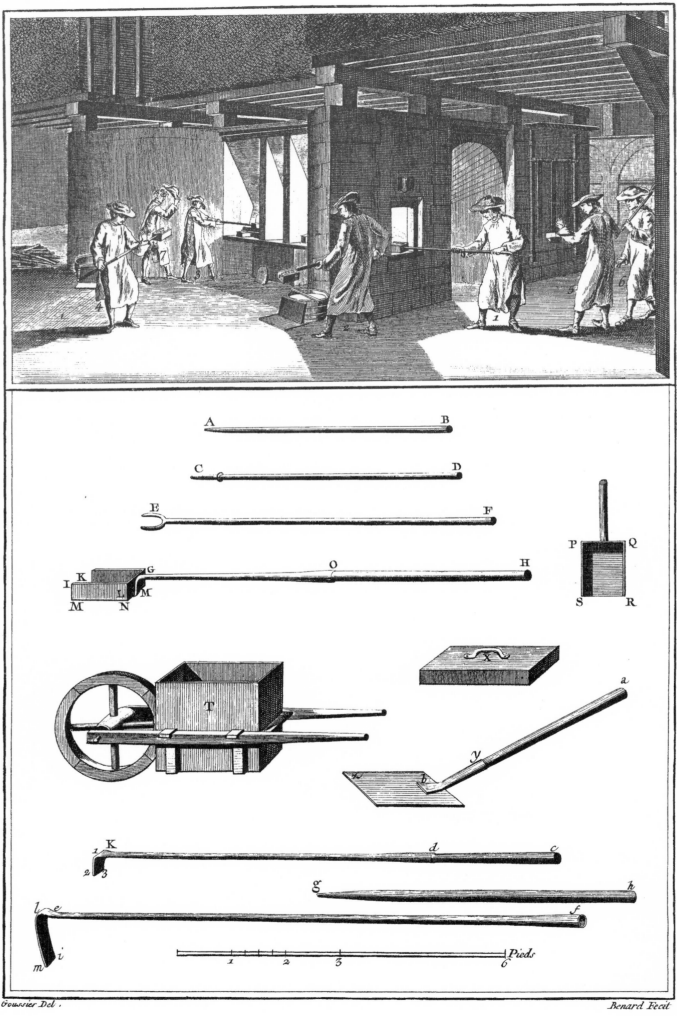

Goussier Del.

Benard Fecit

Glaces, l'Opération d'Enfourner.

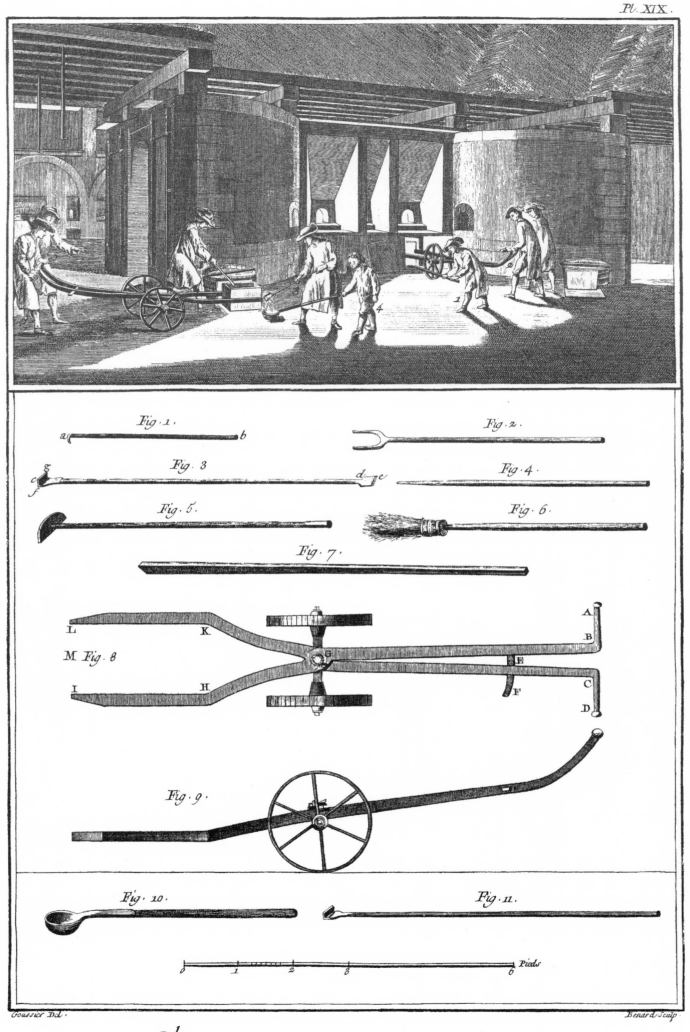

Pl. XIX.

Fig. 1.

Fig. 2.

Fig. 3.

Fig. 4.

Fig. 5.

Fig. 6.

Fig. 7.

M Fig. 8.

Fig. 9.

Fig. 10.

Fig. 11.

Pieds

Goussier Del.

Benard Sculp.

Glaces, l'Opération de curer les cuvettes.

Pl. XX.

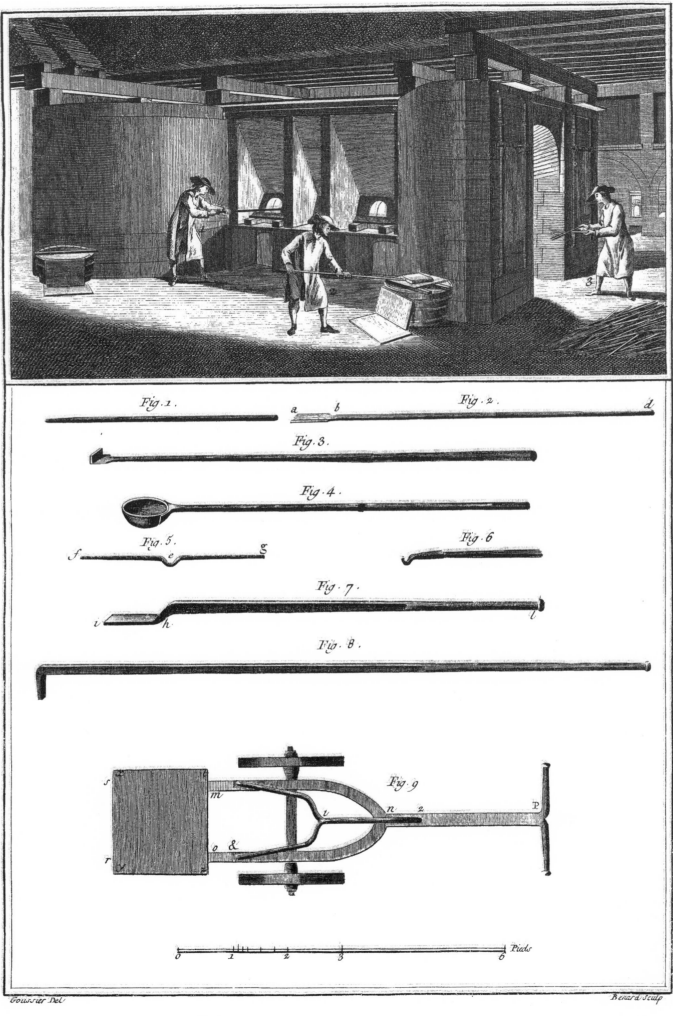

Fig. 1.

Fig. 2.

a   b

d

Fig. 3.

Fig. 4.

f   *Fig. 5.*   *g*

e

Fig. 6.

Fig. 7.

i   *h*

l

Fig. 8.

Fig. 9.

s   *m*   *n*   *z*   *P*

t   *v*

o   *&*

r   *y*

o   *1*   *2*   *3*   *6*   *Pieds*

Goussier Del.   *Benard Sculp.*

Glaces, l'opération d'Ecrèmer.

Pl. XXI.

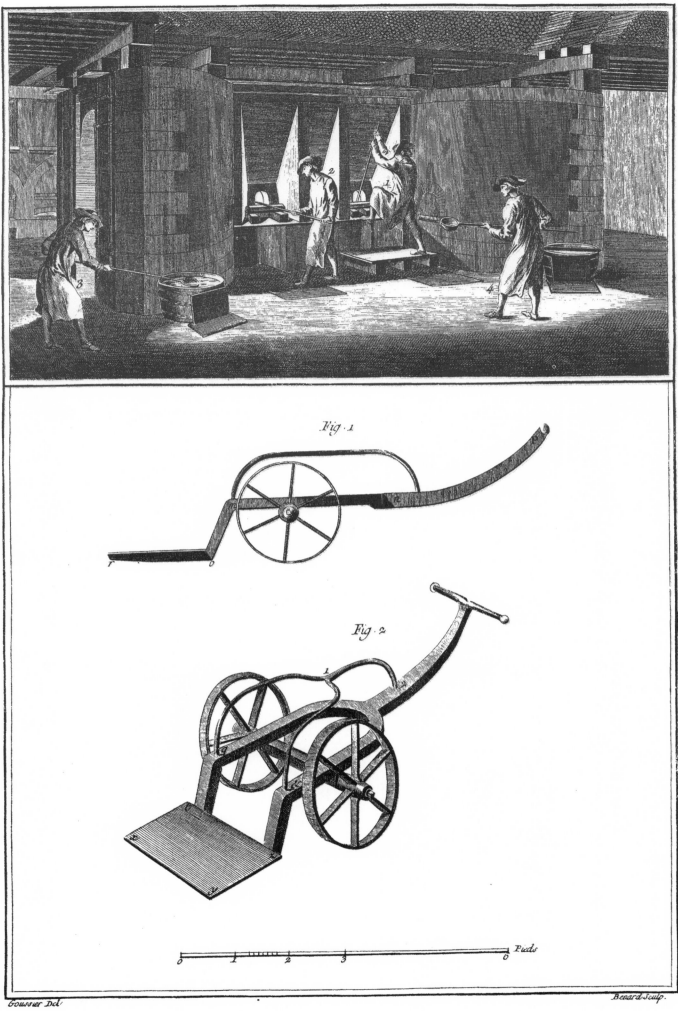

Fig. 1.

Fig. 2.

Pieds

Goussier Del.

Benard Sculp.

Glaces, l'Opération de Trejetter.

Pl. XXII.

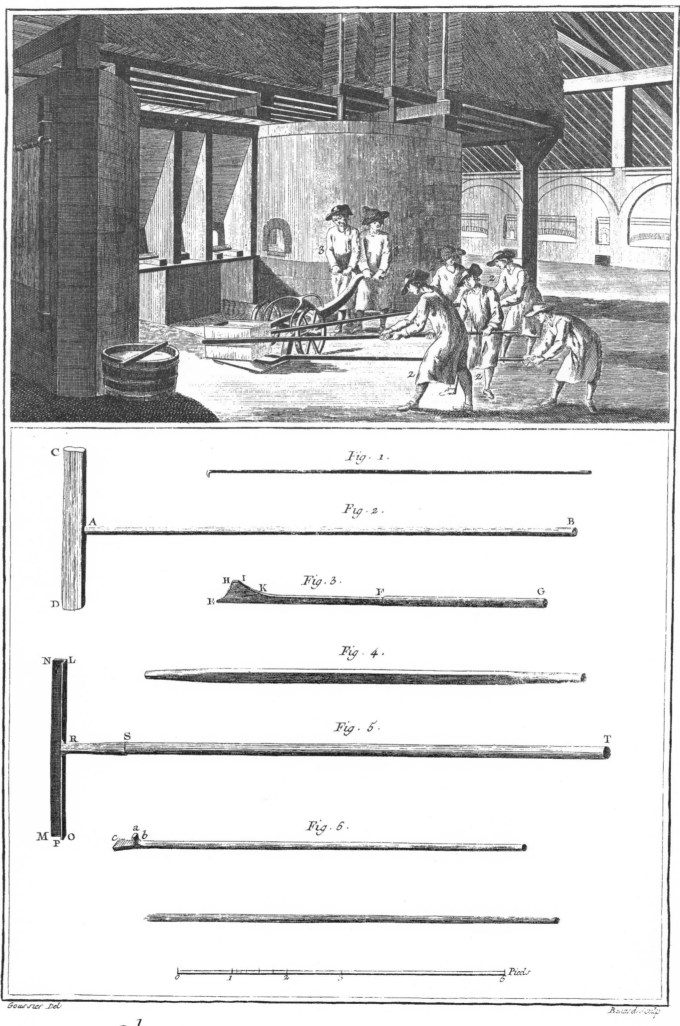

Fig. 1.

Fig. 2.

Fig. 3.

Fig. 4.

Fig. 5.

Fig. 6.

Pieds

Goussier Del.

Benard sculp

Glaces, *l'Opération de Tirer la Cuvette hors du Four.*

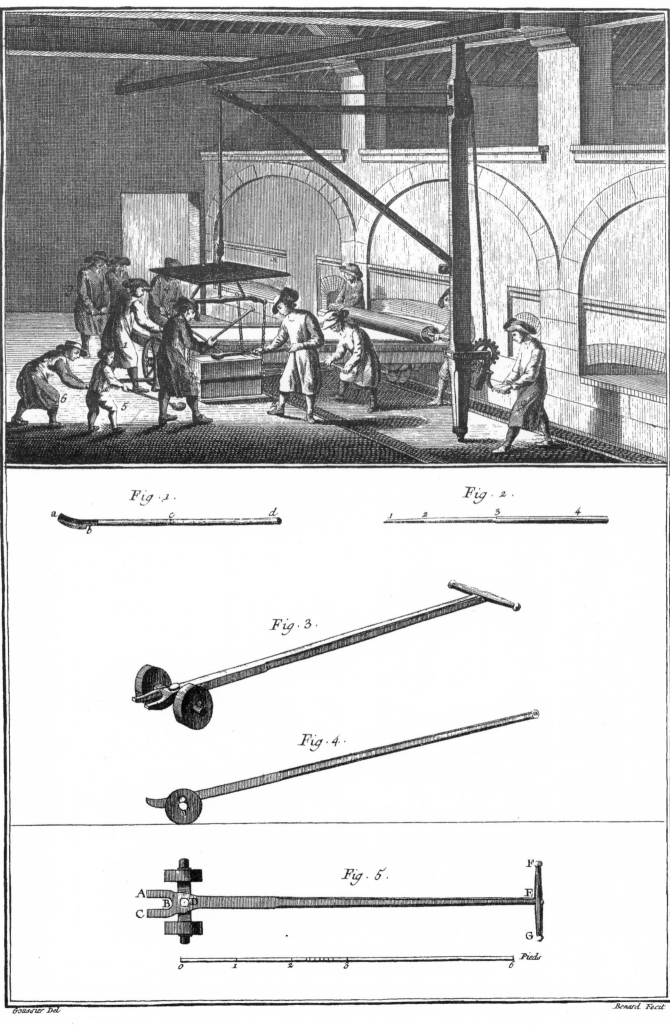

Pl. XXIII.

Fig. 1.

a b c d

Fig. 2.

1 2 3 4

Fig. 3.

Fig. 4.

Fig. 5.

F
E
A
B D
C
G

0 1 2 3 6 *Pieds*

Goussier Del.

Benard Fecit.

Glaces, l'Opération d'Ecrèmer sur le Chariot à Feraße.

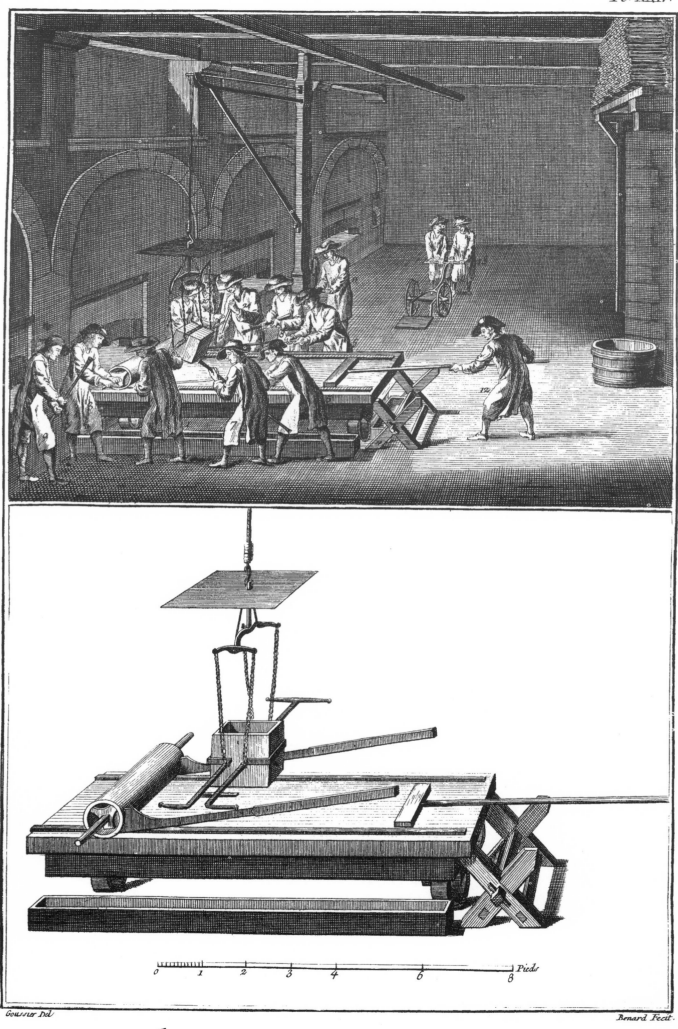

Pl. XXIV.

Goussier Del.

Benard Fecit.

Glaces, l'Opération de Verser et de Rouler.

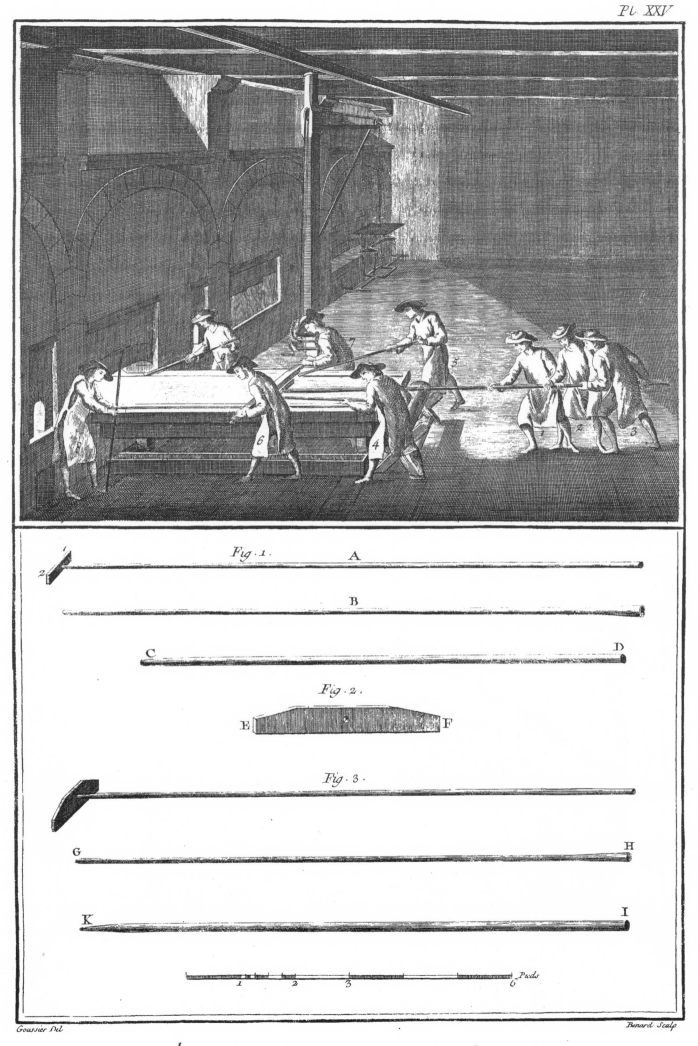

Pl. XXV

Fig. 1.   A

B

C   D

Fig. 2.

E   F

Fig. 3.

G   H

K   I

Peds
1   2   3   6

Goussier Del.   Benard Sculp.

Glaces, l'Opération de Pousser la Glace dans la Carcaise.

Pl. XXVI.

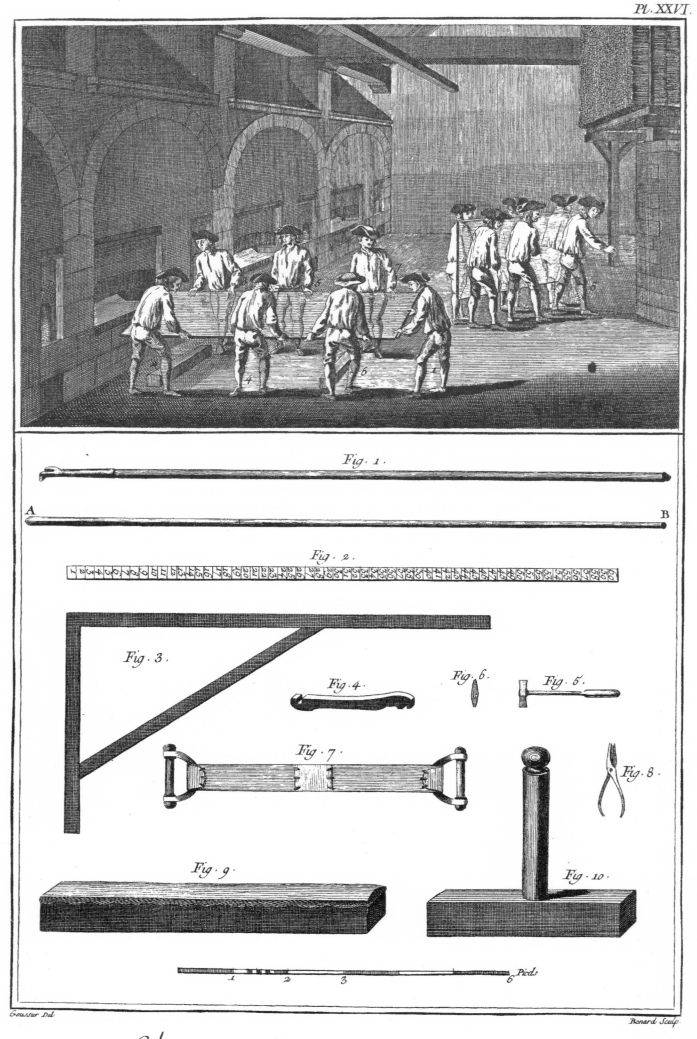

Fig. 1.

A

B

Fig. 2.

Fig. 3.

Fig. 4.

Fig. 6.

Fig. 5.

Fig. 7.

Fig. 8.

Fig. 9.

Fig. 10.

1   2   3   6 Pieds

Gousier Del.

Benard Sculp.

Glaces, l'Opération de sortir les Glaces des Carcaise.

Pl. XXVII

Fig. 1.

Fig. 2.

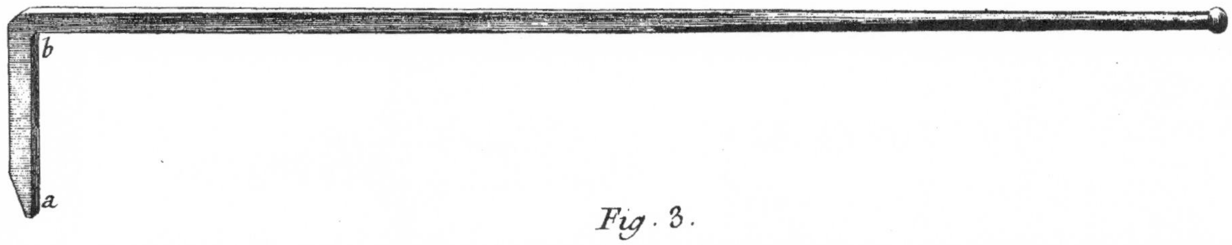

b

a

Fig. 3.

3 1 4

Fig. 4.

Fig. 5.

Fig. 6.

1   2   3   *Pieds*   6

Goussier Del.

Benard Sculp

Glaces, l'Opération de mettre un Pot à l'Arche.

Pl. XXVIII.

Fig. 1.

a

c

d   e   f

h

g.3   g.2   g.1

A   B

Fig. 2.

Pieds

1   2   3   6

Goussier Del.   Benard Sculp.

Glaces, *l'Opération de Tirer un Pot de l'Arche.*

Pl. XXIX.

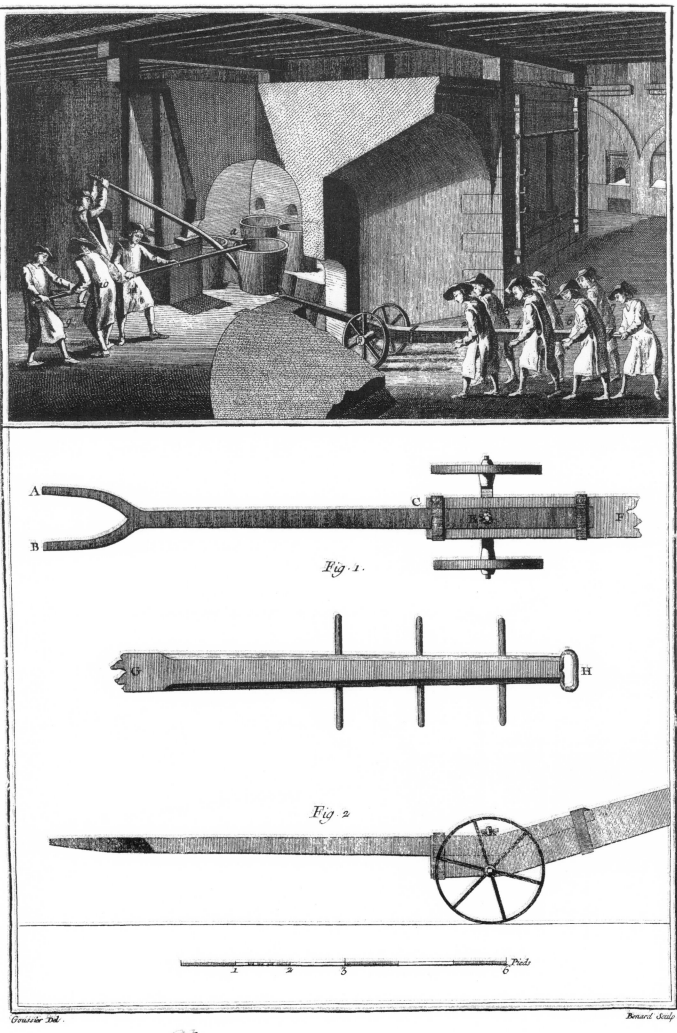

Fig. 1.

Fig. 2.

Pieds

Goussier Del.

Benard Sculp.

Glaces, l'Opération de mettre un Pot au Four.

Pl. XXX.

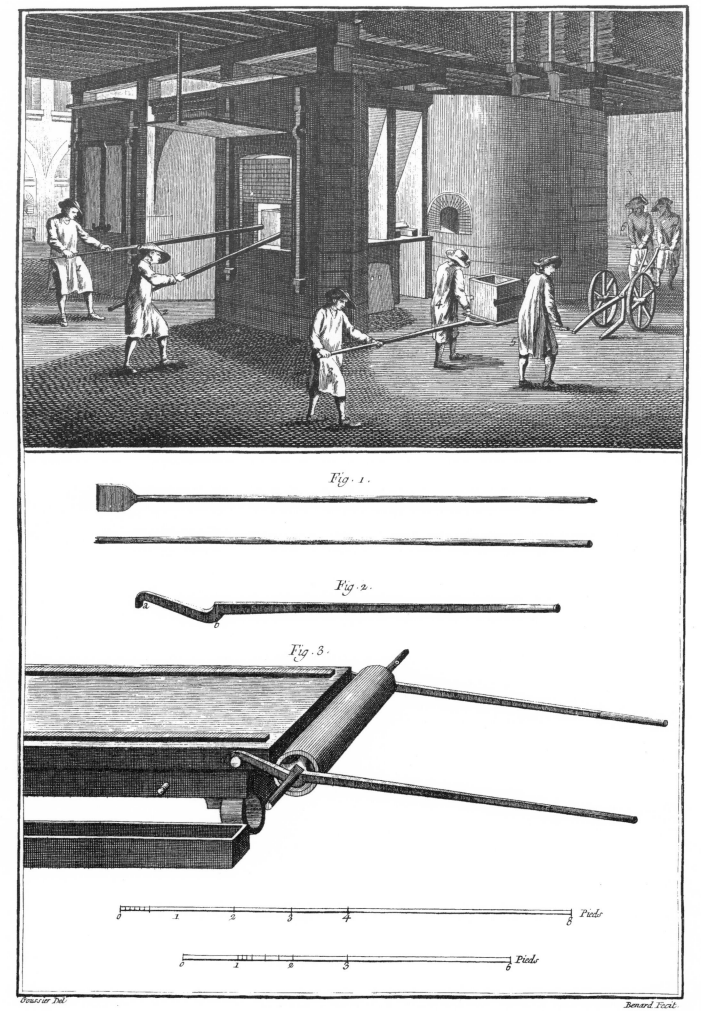

Fig. 1.

Fig. 2.

Fig. 3.

Pieds

Pieds

Goussier Del.

Benard Fecit.

Glaces, l'Opération de tirer une Cuvette de l'Arche.

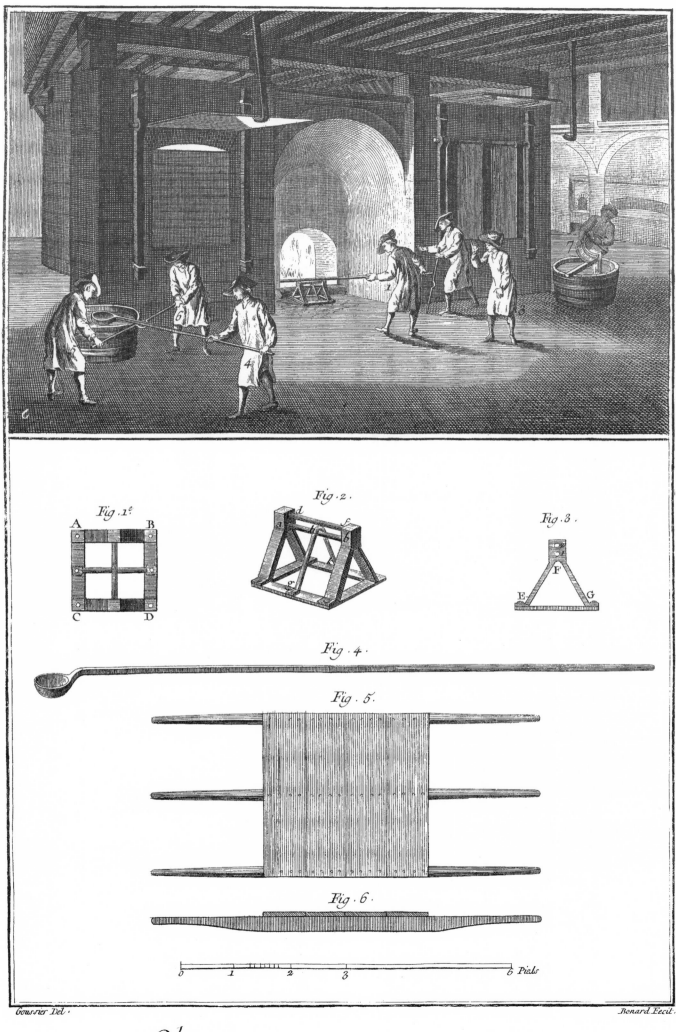

Pl. XXXI.

Fig. 1.

Fig. 2.

Fig. 3.

Fig. 4.

Fig. 5.

Fig. 6.

Goussier Del.

Benard Fecit.

Glaces, l'Opération de tirer le Picadil.

Pl. XXXII

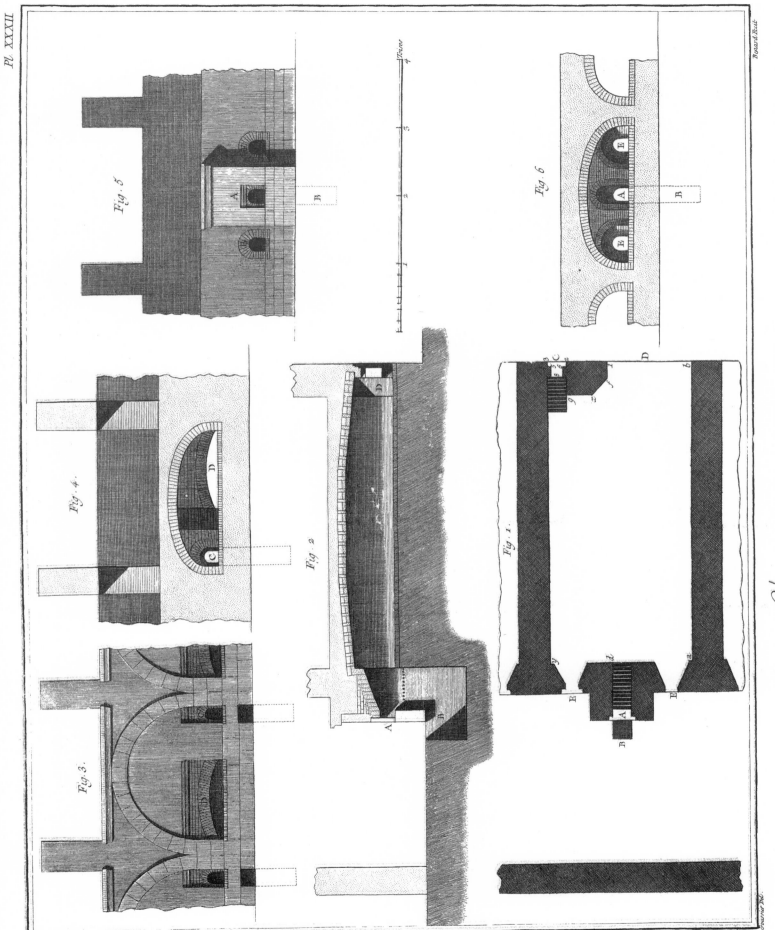

Fig. 5.

Fig. 6.

Fig. 4.

Fig. 3.

Fig. 2.

Fig. 1.

Glaces, Plan, Coupe et Élévation de la Caraise.

Pl. XXXIII

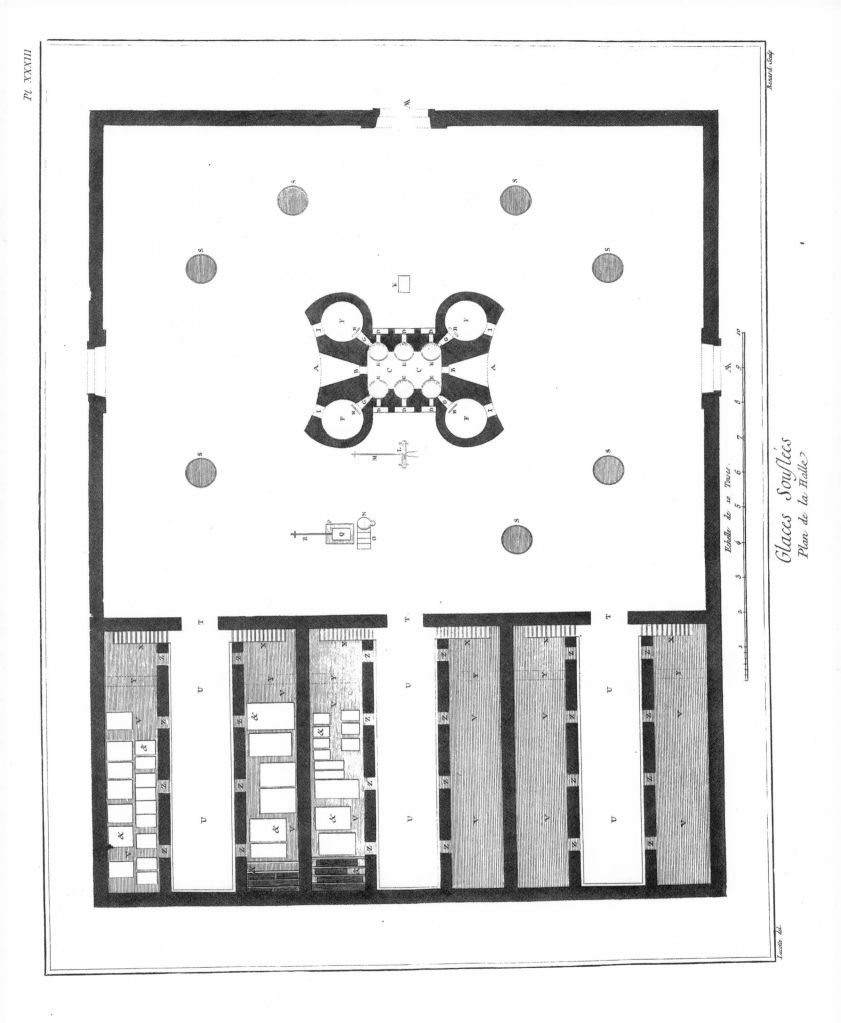

Bénard Scul.

Tuccile del.

Echelle de 10 Toises.

Glaces Soufflées
Plan de la Halle

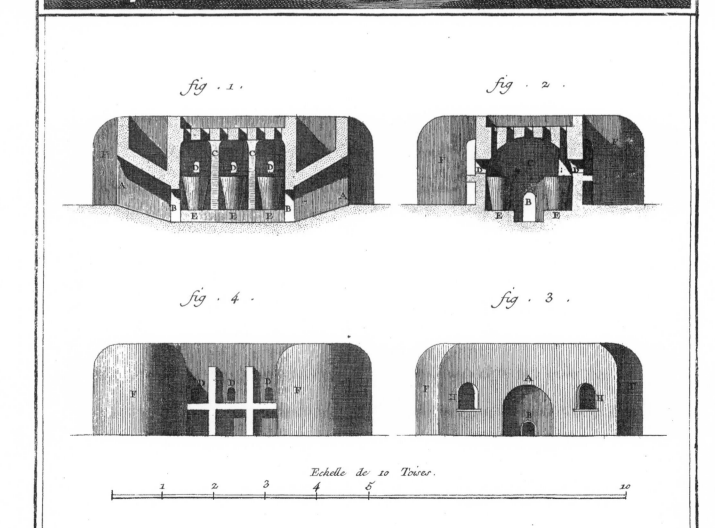

fig . 1 .

fig . 2 .

fig . 4 .

fig . 3 .

Echelle de 10 Toises.

1   2   3   4   5   10

Lucotte del.

Benard Fecit.

Glaces Souflées.

Fourneaux.

Pl. XXXI.

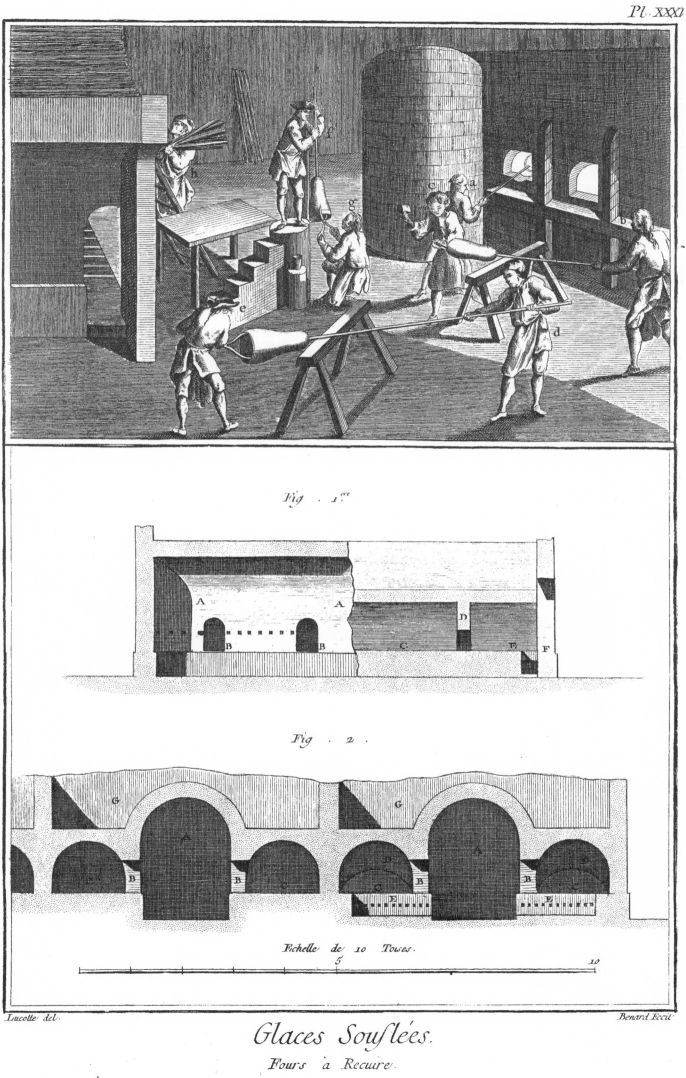

Fig. 1.ᵉʳ

Fig. 2.

Echelle de 10 Toises.

Glaces Soufflées.

Fours à Recuire.

Pl. XXXVI.

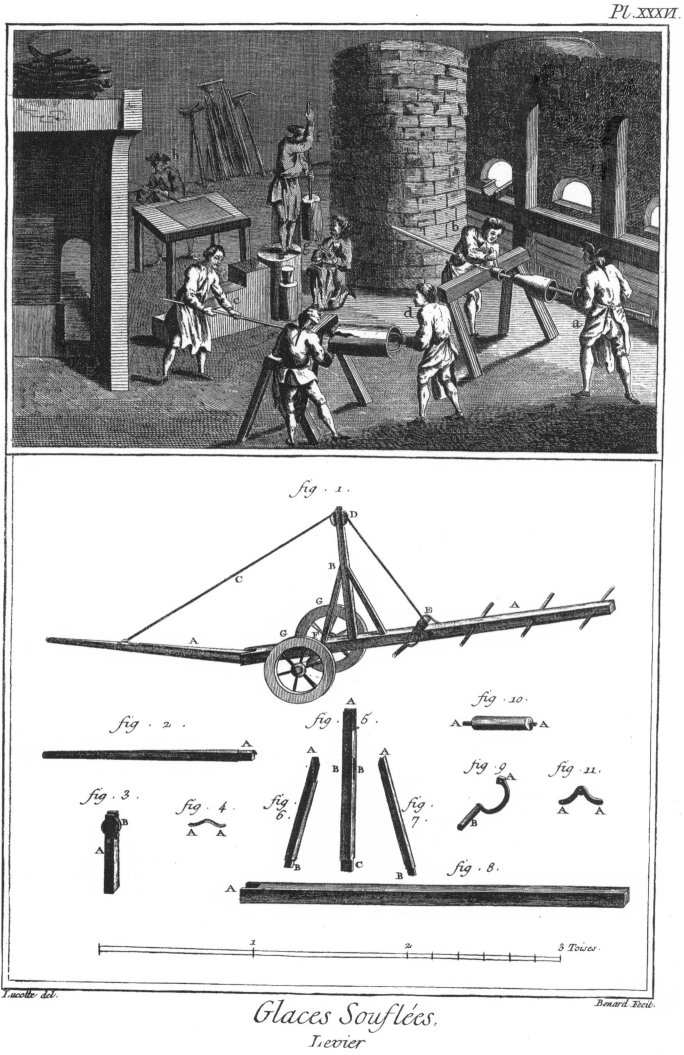

fig. 1.

fig. 2.

fig. 5.

fig. 10.

fig. 3.

fig. 4.

fig. 6.

fig. 7.

fig. 9.

fig. 11.

fig. 8.

1   2   3 Toises.

Lucotte del.

Benard Fecit.

Glaces Soufflées,
Levier

Pl. XXXVII

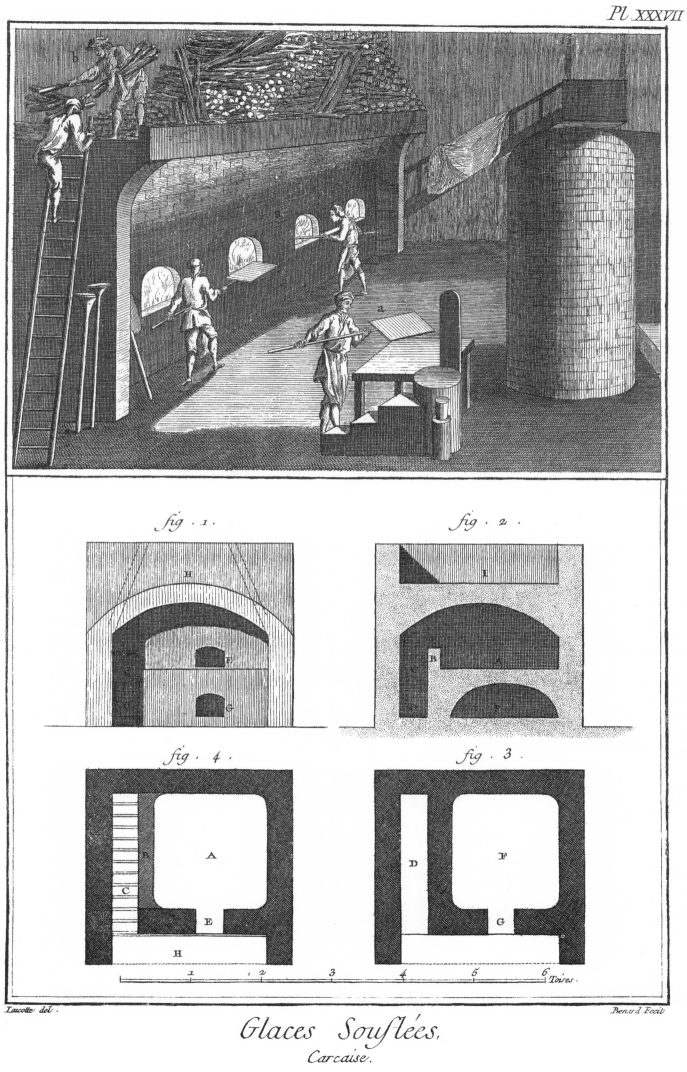

fig. 1.

fig. 2.

fig. 4.

fig. 3.

Glaces Soufleés,
Carcaise.

Lucotte del.

Bernard Fecit.

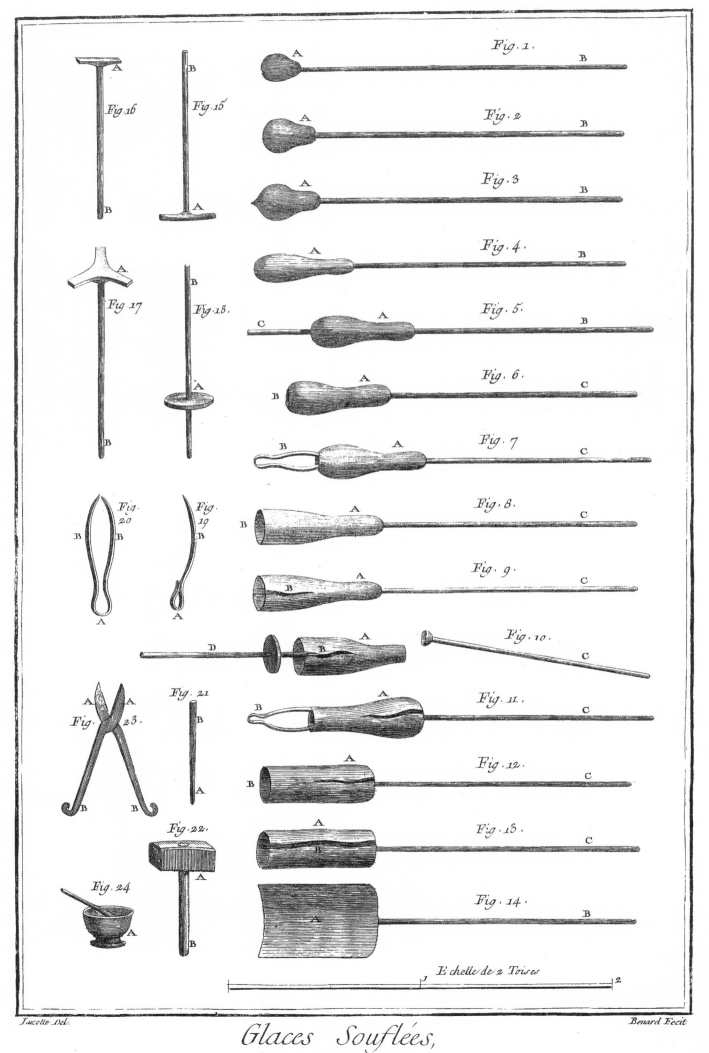

Pl. XXXVIII

Glaces Soufflées,
Opérations progressives et Outils.

Echelle de 2 Toises

Tucotte Del.

Benard Fecit

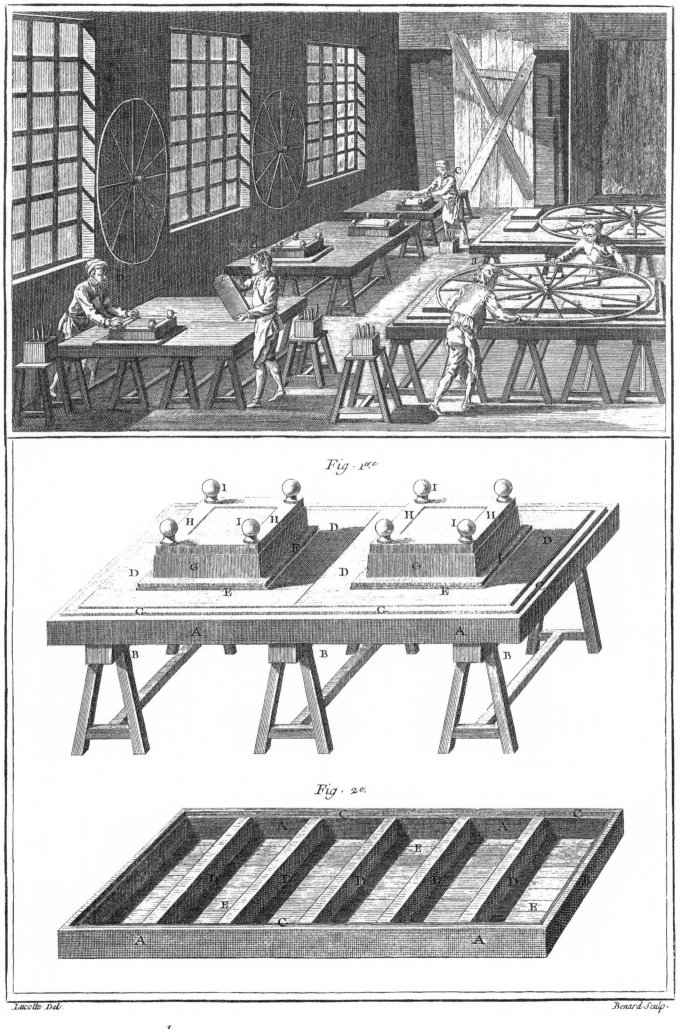

Pl. XXXIX.

Fig. 1.re

Fig. 2.e

Lucotte Del.

Benard Sculp.

Glaces, Le dresser au moilonnage.

Pl. XXXX.

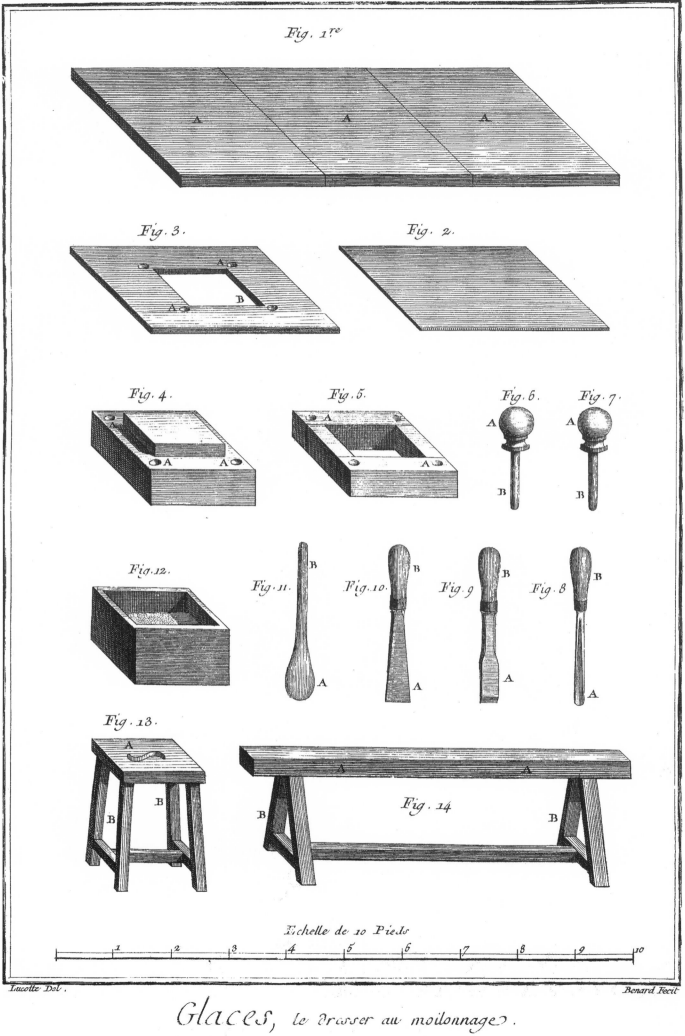

Fig. 1.re

Fig. 3.

Fig. 2.

Fig. 4.

Fig. 5.

Fig. 6.

Fig. 7.

Fig. 12.

Fig. 11.

Fig. 10.

Fig. 9.

Fig. 8.

Fig. 13.

Fig. 14.

Echelle de 10 Pieds

Lucotte Del.

Benard Fecit.

Glaces, le drasser au moilonnage.

Pl. XXXXI.

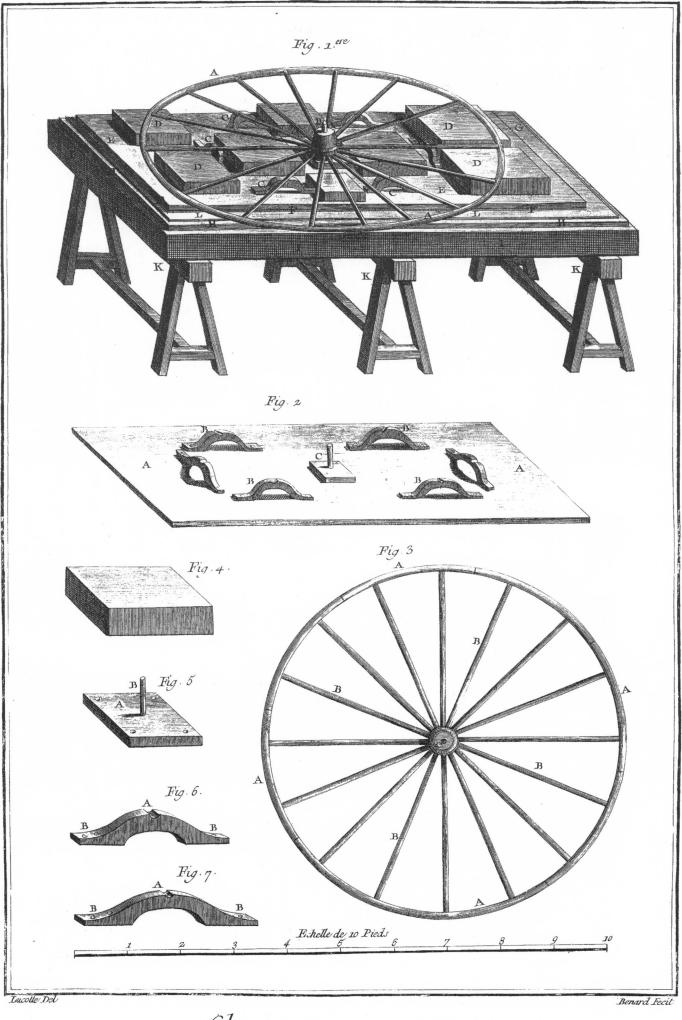

Fig. 1.ere

Fig. 2

Fig. 4.

Fig. 5

Fig. 3

Fig. 6.

Fig. 7.

Echelle de 10 Pieds

Lucotte Del.

Benard Fecit.

Glaces, le dresser au Banc de Roue.

Pl. XXXXII.

Glaces, Le Poli.

Lucotte Del.

Benard Fecit.

Pl. XXXXIII

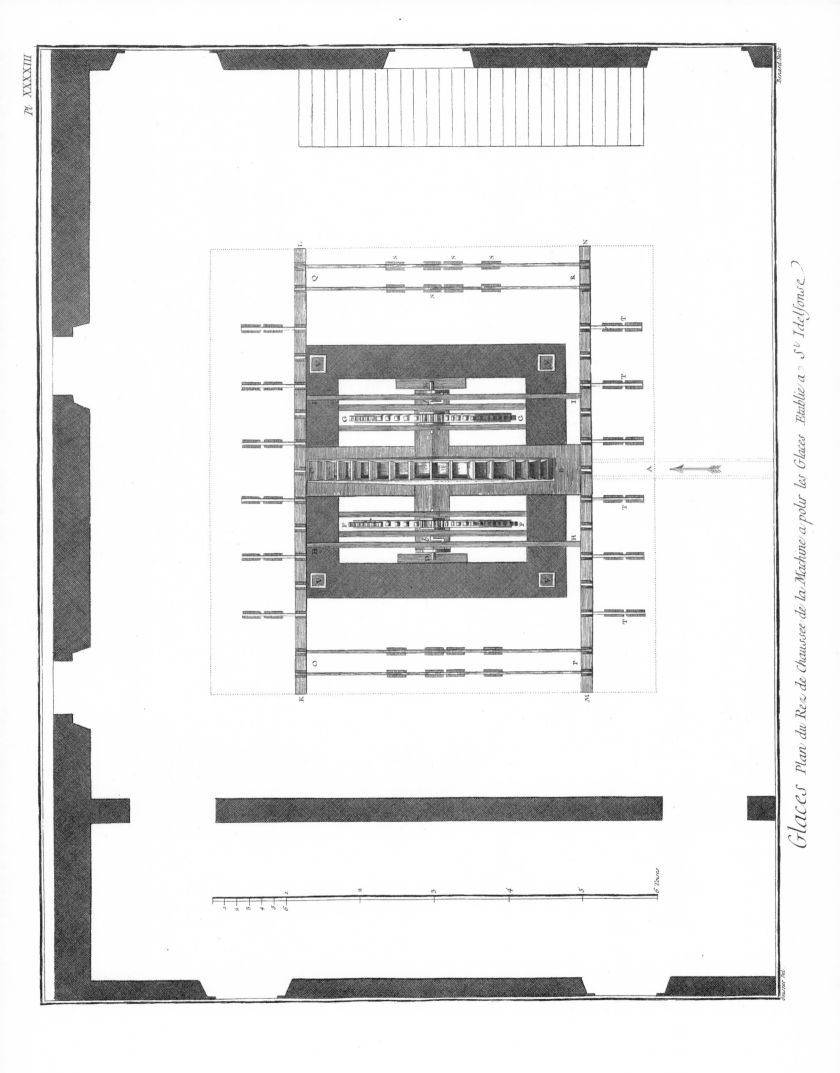

Berard Direx.

Vaucet. Del.

Glaces, Plan du Rez de chaussée de la Machine a polir les Glaces Etablie a S.ᵗ Idelfonse.

Pl. XXXXIV

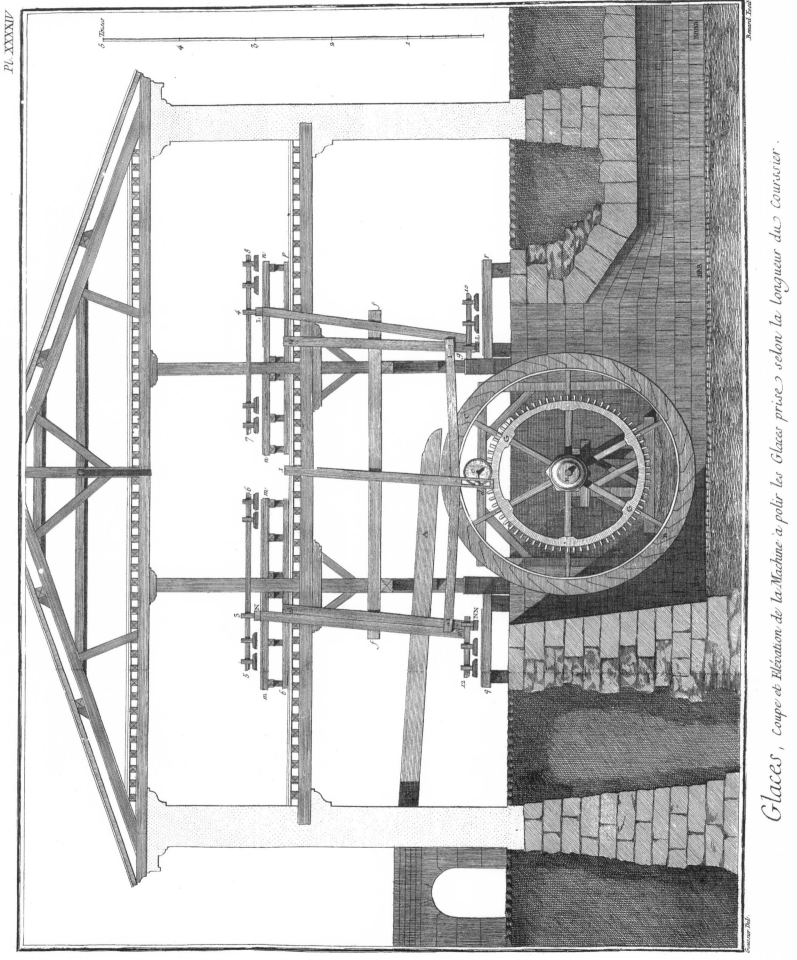

Glaces, _Coupe et Elévation de la Machine à polir les Glaces prise selon la longueur du Coursier._

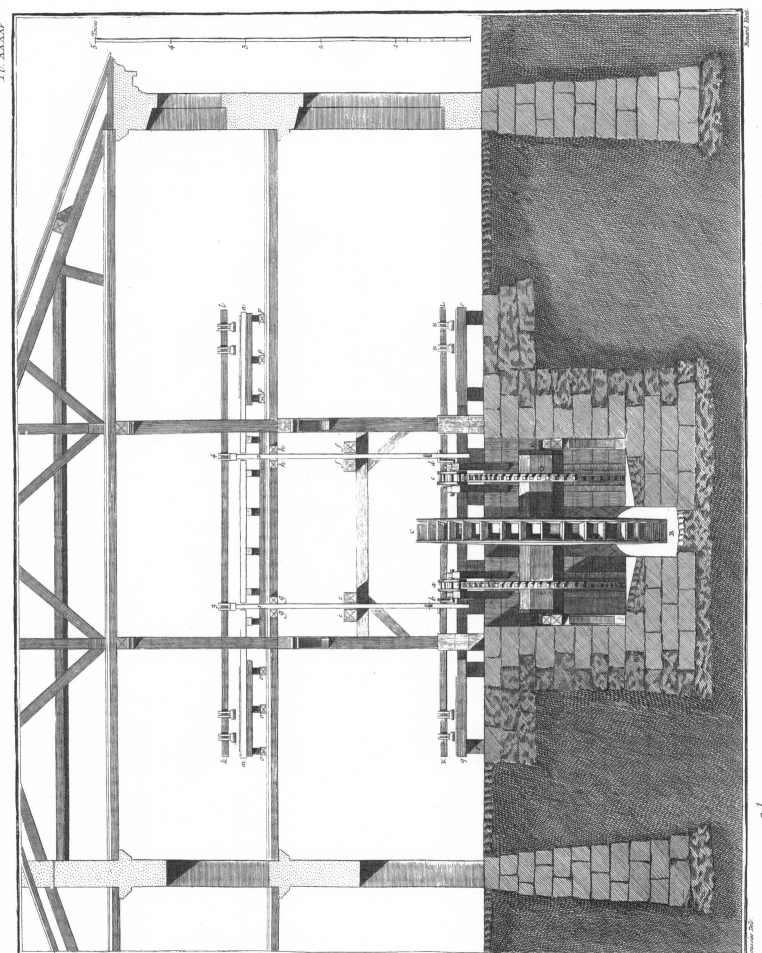

Pl. XXXV

Glaces, *Coupe et Élévation de la Machine à polir les Glaces, prise parallèlement à l'Arbre de la Grande Roue.*

Pl. XXXXXVI

Glaces, Elévation perspective de la Machine à polir les Glaces, Etablie à S.t Idelfonse.

RECUEIL
DE PLANCHES
SUR
LES SCIENCES,
LES ARTS LIBÉRAUX,
ET LES ARTS MÉCHANIQUES,
AVEC LEUR EXPLICATION.

MIROITIER METTEUR AU TEINT,
CONTENANT DEUX PLANCHES.

PLANCHE Iere.

LE haut de cette Planche préfente un attelier où plu-fieurs ouvriers font occupés à mettre des glaces au teint. Un en *a* à dégraiffer le teint ; un en *b* à verfer le vif-argent fur la feuille d'étain ; un en *c* à pofer la glace fur la même feuille d'étain ; d'autres en *d* à pofer les glaces fur l'égouttoir ; un autre en *e* à ranger des glaces mifes & à mettre au teint au fond de l'attelier. En *f* eft une table où font plufieurs glaces chargées que l'on vient de mettre au teint. A l'oppofite en *g* eft un égout-toir où font pofées les glaces. Sur le devant en *h* eft une trémie à féparer le vif-argent des ordures.
La *fig.* 1. repréfente une des tables fervant à mettre les glaces au teint. A , étain couvert de vif-argent. B , feuille de papier. C , glace mife au teint. D , glace chargée. EE , &c. pierres & boulets fervant à char-ger. FF, le chaffis de la table. GG, les piés.
2. Vue de l'intérieur de la table. AA , le chaffis. BB , &c. les traverfes. CC , le fond.

PLANCHE II.

Fig. 1. Table de pierre.
2. Boulon fervant à mettre la table en équilibre. A , la tête. B , la tige. C , la vis. D , l'écrou.
3. Tréteau de la table. AA , les piés. B , la traverfe.
4. Taffeau. A , le trou du boulon. BB, les pattes.
5. Boulet de fonte.
6. Billot. AA , les frettes.
7. Pierre à charger.
8. Broffe. A , la broffe. B , le manche.
9. Sébille à queue. A , la fébille. B , la queue.
10. Sébille à vif-argent.
11. Support de la fébille à vif-argent.
12. Egouttoir fimple. A , l'égouttoir BB , les cordages.
13. Egouttoir compofé. AA. les égouttoirs. BB , &c. les montans du chaffis. CC , &c. les traverfes du chaffis. DD , &c. les boulons fervant de fupports.
14. Dégraiffoir.
15. Trémie à féparer le vif-argent des ordures. A , la trémie. BB , le fupport. C , la fébille.

MIROITIER,
CONTENANT SIX PLANCHES.

VIgnette.
Fig. 1. Ouvriers qui écariffent une glace fur une pierre.
2. Ouvriers qui nettoient une feuille d'étain.
3. Miroitiers qui mettent une glace au teint.
4. Glace que l'on pofe contre le mur pour la laiffer égoutter.
5. Pierres & boulets pour charger les glaces.

PLANCHE Iere.

Des Metteurs au teint.

Fig. 1. n°. 1. & 2. Grande table ou pierre de liais.

PLANCHE II.

2. Coupe de la table.
3. Piés qui portent toute la table.
4. Glace avec feuille d'étain.
Numéro 1.

5. Feuille d'étain.
6. Billot à foutenir la table , lorfqu'elle eft penchée.
7. Pierre à charger les glaces.
8. Lambeau de chapeau pour décraffer la feuille d'é-tain.
9. Sébille de bois pour mettre le vif-argent.
10. Boulet à charger les glaces.
11. Grandeur des glaces.

PLANCHE III.

12. Table pour dégraiffer les glaces avec un tapis de flanelle.
13. Coupes de la table , n°. 12.
14. Chiffon.
15. Sac rempli de cendres, qui fert à nettoyer les glaces.
16. Planche à porter les glaces en ville.
17. Claie pour couvrir les glaces.
18. Papier fervant à étamer.

PLANCHE IV.

19. Couloir fervant à égoutter les glaces.
20. Glace convexe.
21. Moule de plâtre pour étamer les glaces bombées.
22. Morceau de flanelle fervant à couvrir les glaces pour les charger.
23. Couloir pour les petites glaces.
24. Egouttoir pour le vif - argent.
25. Autre égouttoir à pendre au mur.
26. Platine de fonte fervant à bomber les glaces.

PLANCHE V.

27. Diamant.
28. Equerre.
29. Pannier à mettre les boulets.
30. Boulet.
31. Rabot.
32. Couffin à pofer les glaces.
33. Scie.
34. Vilebrequin.
35. Regle ployante.

36. Rondeau fervant à aiguifer les glaces par les bords.
37. Tonneau fervant à porter le rondeau.
38. Morceau de bois couvert de bufle.
39. Emeri pour polir les glaces.
40. Morceau de glace à brouiller l'émeri.

PLANCHE VI.

42. Gouge ou fermoir.
43. Marteau.
44. Vis.
45. Pointe.
46. Tourne-vis.
47. Pinces.
48. Autres pinces néceffaires.
49. Grattoir pour ôter le vif-argent de deffus les vieilles glaces.
50. Poinçon.
51. Gouge ronde.
52. Patte-de-lievre.
53. Broffe pour nettoyer l'étain.
54. Couteau.
55. Preffe.

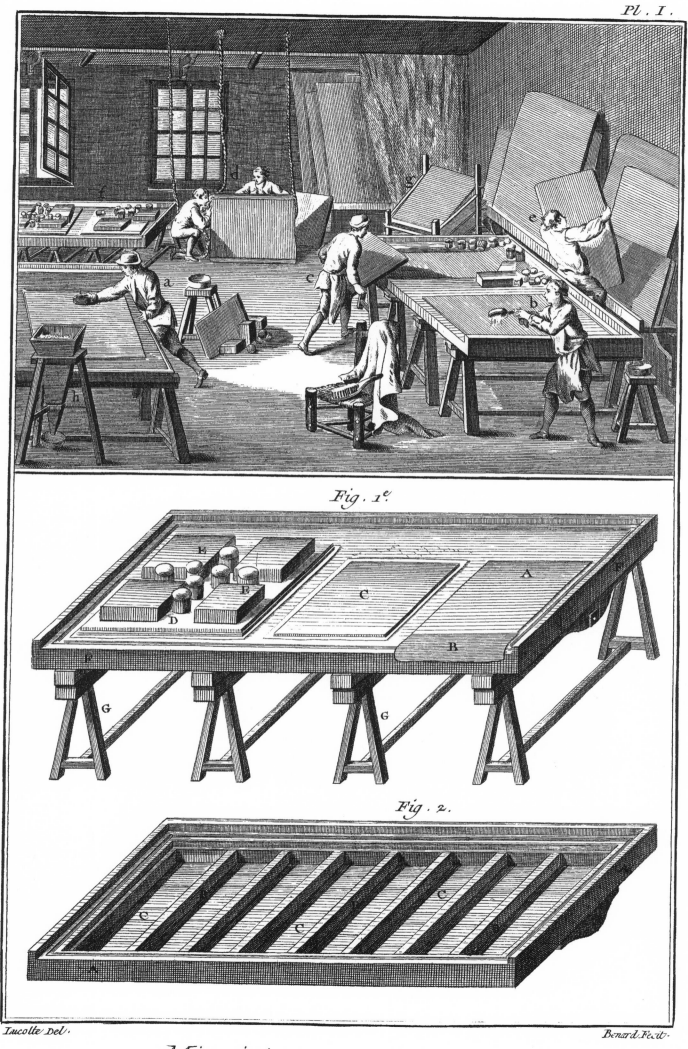

Fig . 1.ᵉ

Fig . 2.

Lucotte Del.

Benard Fecit.

Miroitier, Metteur au Teint.

Pl. II.

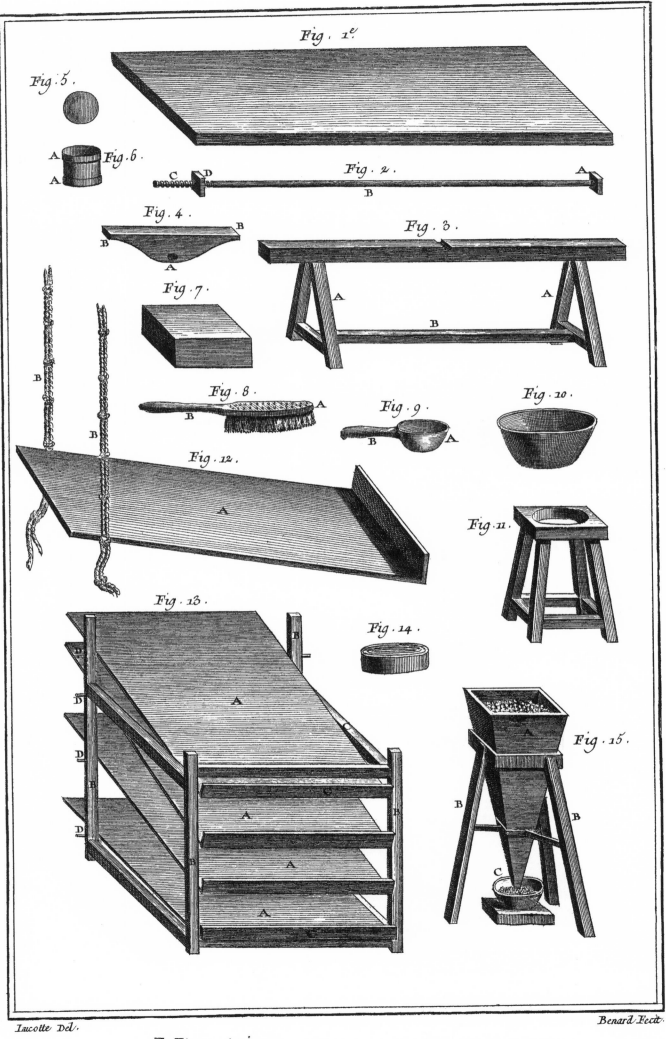

Fig. 1.ᵉ

Fig. 5.

Fig. 6.

Fig. 2.

Fig. 4.

Fig. 3.

Fig. 7.

Fig. 8.

Fig. 9.

Fig. 10.

Fig. 12.

Fig. 11.

Fig. 13.

Fig. 14.

Fig. 15.

Lucotte Del.

Benard Fecit.

Miroitier, Détails du Miroitier au Teint

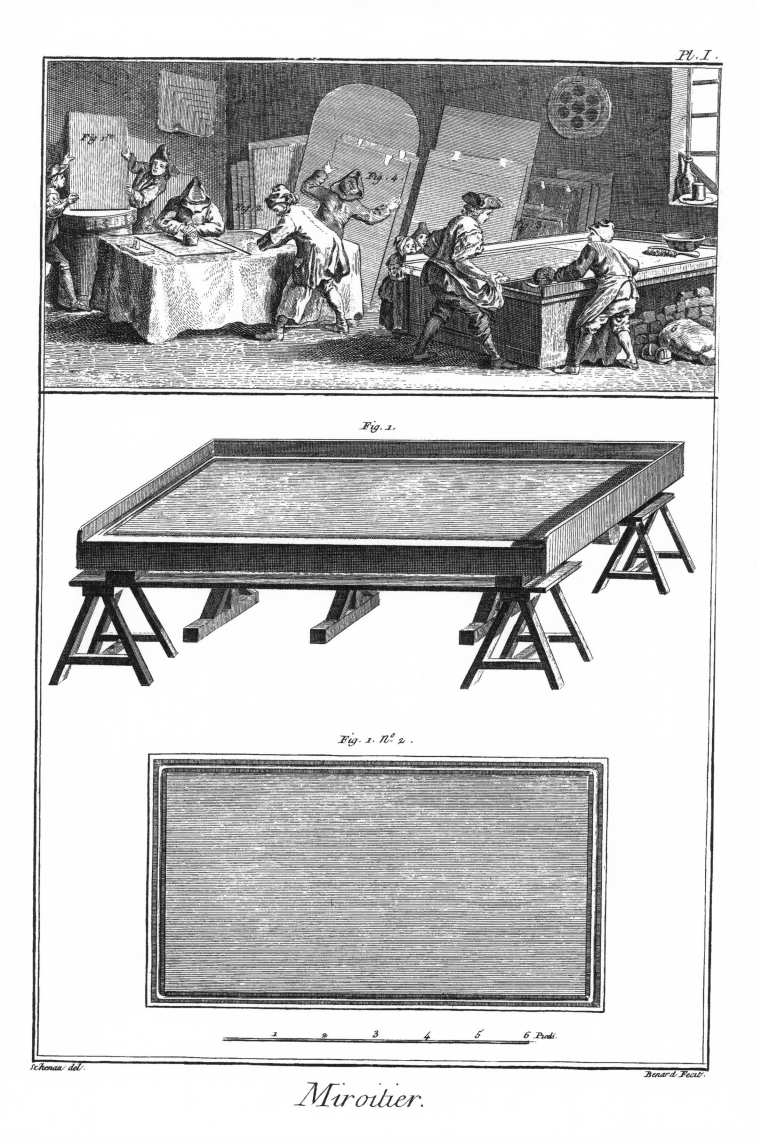

Pl. I.

Fig. 1.

Fig. 1. N.º 2.

1 2 3 4 5 6 Pieds.

Schenau del.

Benard Fecit.

Miroitier.

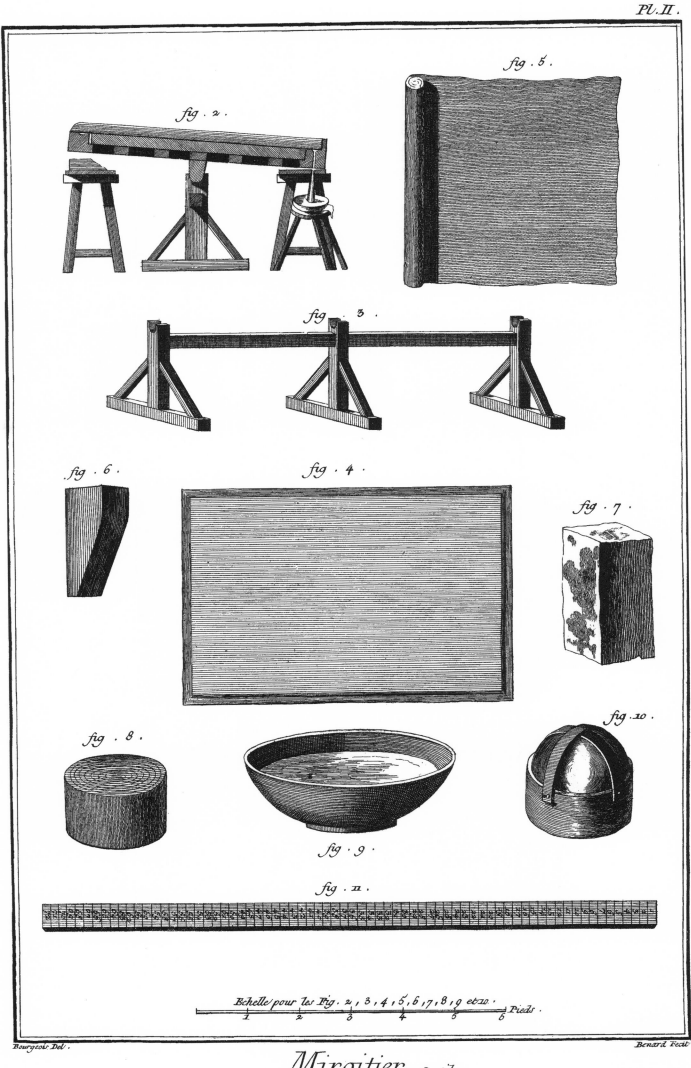

Pl. II .

fig . 2 .

fig . 5 .

fig . 3 .

.fig . 6 .

fig . 4 .

fig . 7 .

fig . 8 .

fig . 10 .

fig . 9 .

fig . 11 .

Echelle pour les Fig. 2 , 3 , 4 , 5 , 6 , 7 , 8 , 9 et 10 . Pieds .
1   2   3   4   5   6

Bourgeois Del .

Benard Fecit .

Miroitier, outils .

Pl. III.

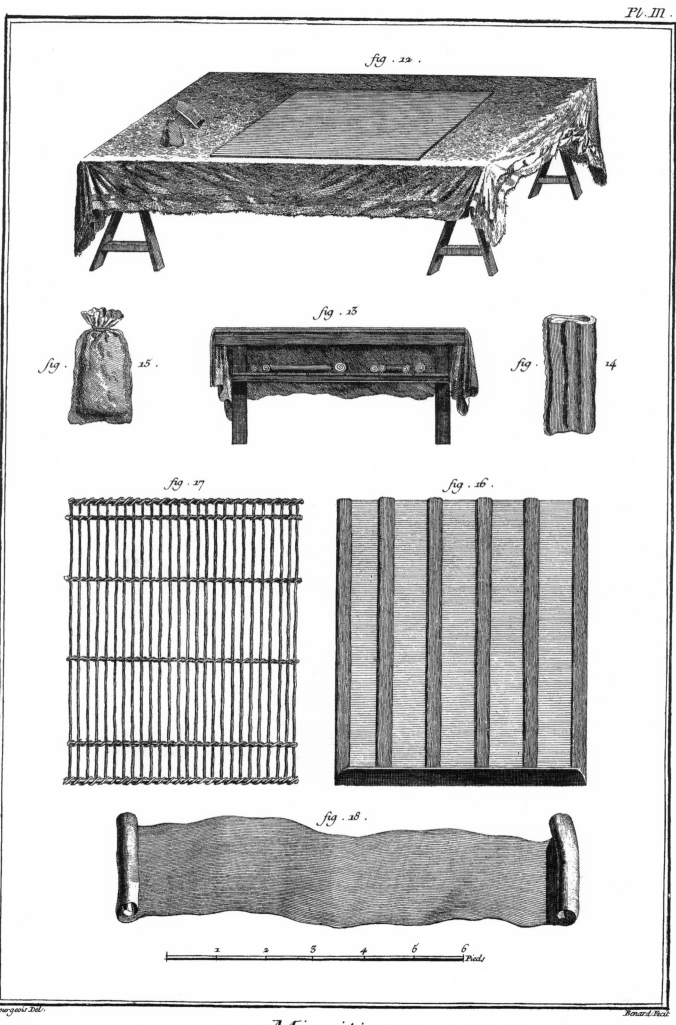

fig . 12 .

fig . 15 .

fig . 13 .

fig . 14 .

fig . 17 .

fig . 16 .

fig . 18 .

1   2   3   4   5   6 *Pieds*

Bourgeois Del.   *Benard Fecit.*

Miroitier, outils.

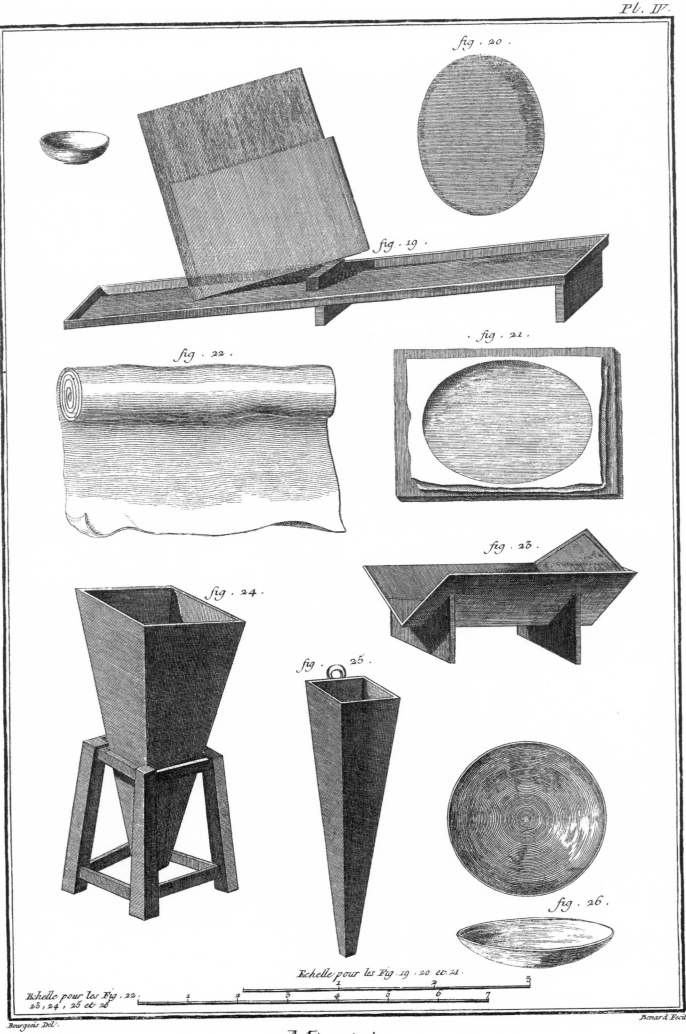

Pl. IV.

fig. 20.

fig. 19.

fig. 22.

fig. 21.

fig. 23.

fig. 24.

fig. 25.

fig. 26.

Echelle pour les Fig. 19. 20 et. 21.

Echelle pour les Fig. 22. 23, 24, 25 et 26.

Bourgeois Del.

Bernard Fecit.

Miroitier, Outils.

Pl. V.

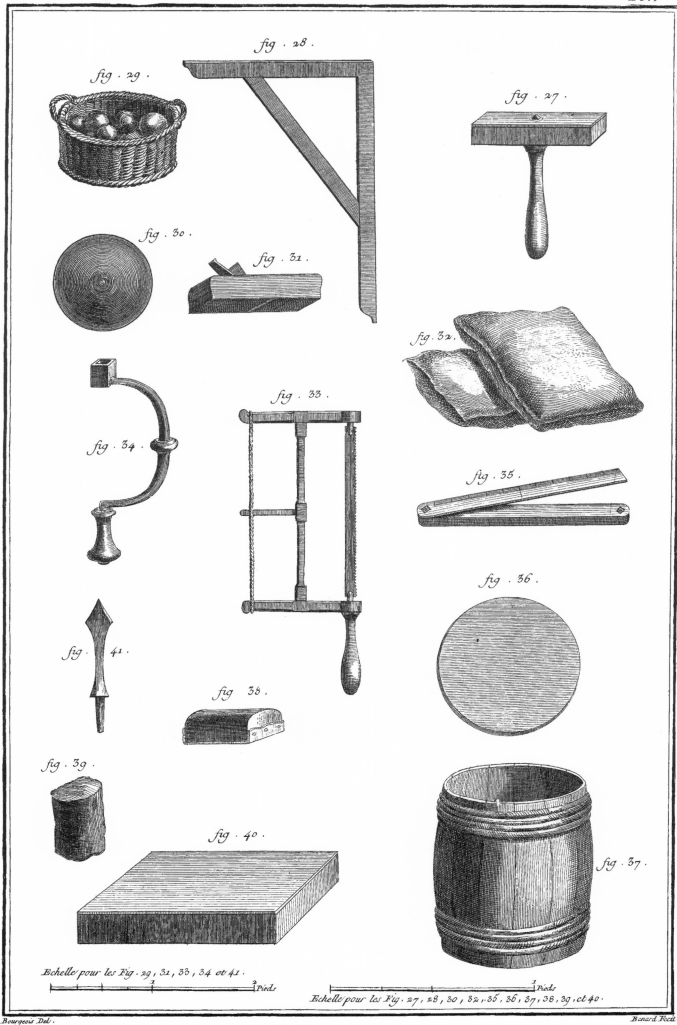

fig. 28.

fig. 29.

fig. 27.

fig. 30.

fig. 31.

fig. 32.

fig. 33.

fig. 34.

fig. 35.

fig. 36.

fig. 41.

fig. 38.

fig. 39.

fig. 40.

fig. 37.

Echelle pour les Fig. 29, 31, 33, 34 et 41.

Pieds

Echelle pour les Fig. 27, 28, 30, 32, 35, 36, 37, 38, 39, et 40.

Pieds

Bourgeois Del.

Benard Fecit.

Miroitier, Outils

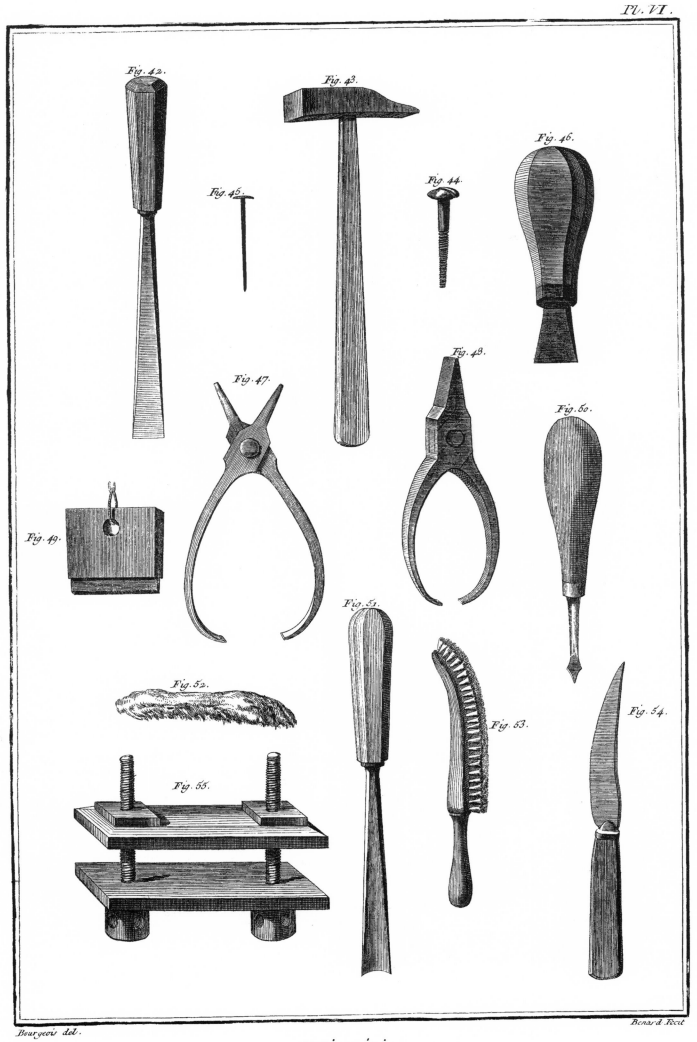

Pl. VI.

Fig. 42.

Fig. 43.

Fig. 45.

Fig. 44.

Fig. 46.

Fig. 48.

Fig. 47.

Fig. 50.

Fig. 49.

Fig. 51.

Fig. 52.

Fig. 53.

Fig. 54.

Fig. 55.

Bourgeois del.

Benard Fecit.

Miroitier, Outils.

LUNETTIER.

CONTENANT QUATRE PLANCHES.

PLANCHE Iere.

LE haut de cette Planche repréfente un attelier où plufieurs ouvriers font occupés à divers ouvrages de Lunetterie. L'un en *g* à faire mouvoir la machine à polir les verres; un autre en *h* à tenir la molette fur le baffin pour polir des verres à lunettes; un autre en *c* à polir à la main; & un autre en *d* à tourner au tour. L'attelier eft occupé par plufieurs ouvrages & uftenfiles relatifs à cet Art, tels qu'en *e* une machine à couper les montures des lunettes, en *f* des ouvrages de Lunetterie, & en *gg* une partie des outils de cette profeffion.

Fig. 1, 2, 3, 4 & 5. Verres concaves d'un côté, & plans de l'autre, deftinés à diminuer les objets. AA, &c. les furfaces concaves. BB, &c. les furfaces planes.

6, 7, 8, 9 & 10. Verres convexes d'un côté, & plans de l'autre, deftinés à groffir les objets. AA, &c. les furfaces convexes. BB, &c. les furfaces planes.

11, 12, 13, 14 & 15. Verres convexes des deux côtés, deftinés pour les lunettes d'approche, télefcopes, loupes, &c.

16 & 17. Verres très-convexes des deux côtés, deftinés pour les microfcopes.

18. Le verre brut.

19. Le même verre arrondi.

20. Le même verre monté fur la molette. A le verre. B la molette.

21. Le même verre monté fur la molette & pofé fur le baffin. A le verre. B la molette. C le baffin. D le pié du baffin. E le plateau du baffin.

PLANCHE II.

Fig. 1. Lunettes appellées *béficles*, montées en corne ou écaille.

2. Lunettes fimples montées en corne ou écaille. A la lunette. B l'étui.

3. Loupe. A le verre. B la monture en bois.

4. Verre d'optique monté, appellé vulgairement *optique*. A le verre. B le miroir pour renvoyer les objets par réflexion. C C les crémaillieres. D la monture. E le pié.

5. Lunette d'approche appellée *lorgnette d'opéra*. A côté de l'oculaire. B côté de l'objectif.

6. Miroir ardent qui peut être convexe ou concave.

7. Miroir cylindrique.

8. Miroir conique.

9. Prifme triangulaire.

10. Pyramide triangulaire.

11. Prifme exagonale.

12. Pyramide exagonale.

13. Cifeau en bois. A la tête. B le taillant.

14. Burin. A la tête. B le taillant.

15. Rape quarrelette. A la rape. B le manche.

16. Lune quarrelette. A la lune. B le manche.

17. Maillet. A le maillet. B le manche.

18. Marteau. A la tête. B la paume. C le manche.

19. Petit marteau. A la tête. B. la paume. C le manche.

20. Pinces droites. AA les mors. BB les branches.

21. Pinces rondes AA les mors. BB les branches.

22. Pinces quarrées. AA les mors. BB les branches.

23. Etau à patte. AA les mors. BB les tiges. CC les jumelles. D le reffort. E la patte. F la vis. G la bride. H la boîte de l'étau. I la vis de l'étau. K la manivelle.

24. Rabot. A le rabot. B le fer.

25. Colombe. A le fer. B le bois. CC les piés.

PLANCHE III.

Fig. 1. Coupe d'un baffin droit de fer ou de cuivre. A le baffin. B le pié.

2 & 3. Coupes de baffins de différentes longueurs de foyer. AA les baffins. BB les piés.

4, 5, 6 & 7. Coupes de différens débordoirs qui peuvent auffi fervir de baffins. AA, &c. les débordoirs ou baffins. BB, &c. les piés.

8. Elévation perfpective des débordoirs ou baffins montés fur leur plateau. AA, &c. les baffins. BB le plateau.

9. Rondelle fervant à foutenir le pié du baffin.

10. Molette. A la tête. B le pié.

11. Débordoir en forme de pain de fucre.

12. Molette montée fur un fût de Vilbrequin. A le verre préparé. B la molette. C la tige du fût. D le touret.

13. Molette à archet. A le verre préparé. B la tige. C la boîte.

14. Arçon. A l'arçon. B la corde. C le manche.

15. Clou à vis pour arrêter les baffins fur le plateau. A la vis. B la tête.

16. Palette. A la palette. B le manche.

17. & 18. Burins. AA les taillans. BB les manches.

19. Compas d'épaiffeur. A la tête. B les pointes.

20. Compas droit. A la tête. BB les pointes.

21. Compas coupant. A la tête. BB les tiges. C le quart de cercle. D la vis du quart de cercle. EE les douilles. FF les vis des douilles. GG les pointes.

22, 23 & 24. Différentes pointes de compas coupant.

PLANCHE IV.

Fig. 1. Machine à découper les montures des lunettes, qui peut fervir auffi à polir les verres. AA, &c. le chaffis. B le porte-pointe. C le baffin. D la tige du baffin. E la poulie. F la corde. G la grande roue. H la manivelle. K le balancier.

2. Mouffles des portes-pointes. AA les branches. B l'écrou. C la tige.

3. Vis de la mouffle. A la tête. B la vis.

4. Support du porte-pointe. A la tige. B le talon.

5. Vis de l'étrier. A la tête. B la vis.

6. Etrier. AA les yeux. BB les coudes.

7. Platine du porte-pointe. A la platine. BB les trous des crampons. C la tige.

8 & 9. Crampons de la platine du porte-pointe.

10. Vis du crampon. A la tête. B la vis.

11. Bride. AA les trous des vis.

12 & 13. Vis de la bride. AA les têtes BB les vis. CC les écroux.

14. Machine à polir les verres. AA, &c. le chaffis. B la barre des fupports. CC les fupports. D le baffin à polir. E la tige du baffin. FF les couffinets. G le rouet. H la lanterne. I l'arbre de la lanterne. K la poulie. L la corde. M. la grande roue. N l'arbre de la grande roue. O la manivelle.

15. Barre de fupport. AA les trous.

16 & 17. Vis de la barre du fupport. AA les têtes. BB les vis.

18 & 19. Couffinets de la tige du baffin. AA, &c. les trous pour les arrêter.

20 & 21. Cramponets à pointe pour arrêter les arbres.

22. Arbre de la grande roue. AA les platines. B le tourillon. C le quarré de la manivelle.

23. Arbre de la lanterne. AA les platines de la lanterne. BB les platines de la poulie. CC les tourillons de l'arbre.

Pl. I.

Fig. 1.   Fig. 2.   Fig. 3.   Fig. 4.   Fig. 5.

Fig. 6.   Fig. 7.   Fig. 8.   Fig. 9.   Fig. 10.

Fig. 11.   Fig. 12.   Fig. 13.   Fig. 14.   Fig. 15.

Fig. 18.   Fig. 20.   Fig. 21.   Fig. 17.   Fig. 16.

Fig. 19.

Lucotte Del.

Benard Fecit.

Lunetier, *Verres de différens foyers*.

Pl. II.

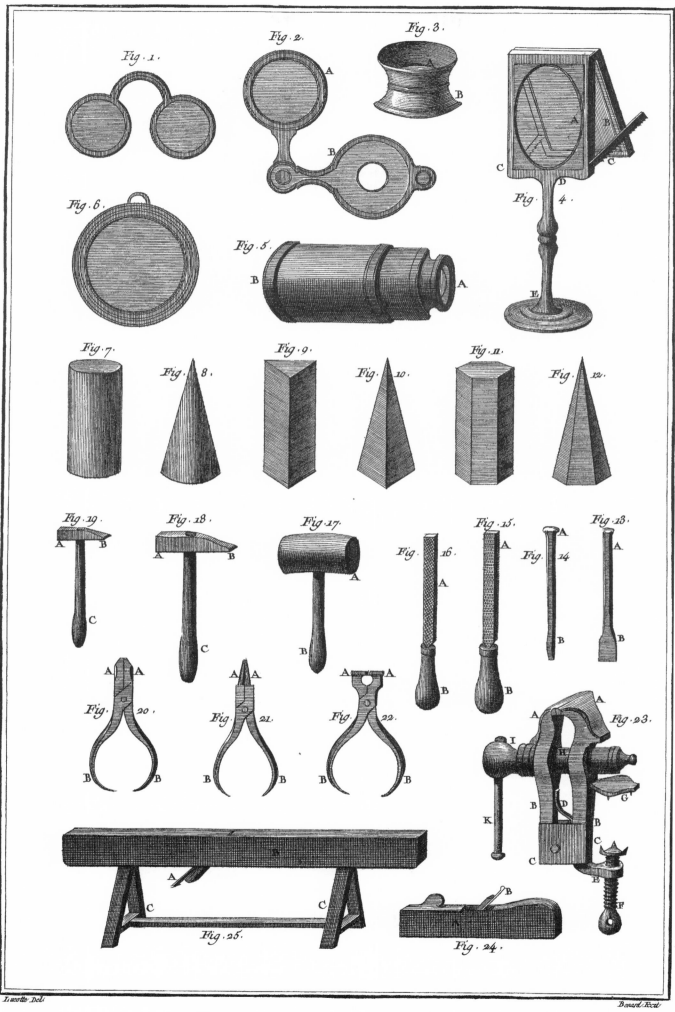

Fig. 1. Fig. 2. Fig. 3. Fig. 4. Fig. 5. Fig. 6. Fig. 7. Fig. 8. Fig. 9. Fig. 10. Fig. 11. Fig. 12. Fig. 13. Fig. 14. Fig. 15. Fig. 16. Fig. 17. Fig. 18. Fig. 19. Fig. 20. Fig. 21. Fig. 22. Fig. 23. Fig. 24. Fig. 25.

Luwotte Del.

Benard Fecit.

Lunetier, Ouvrages et Outils.

Pl. III.

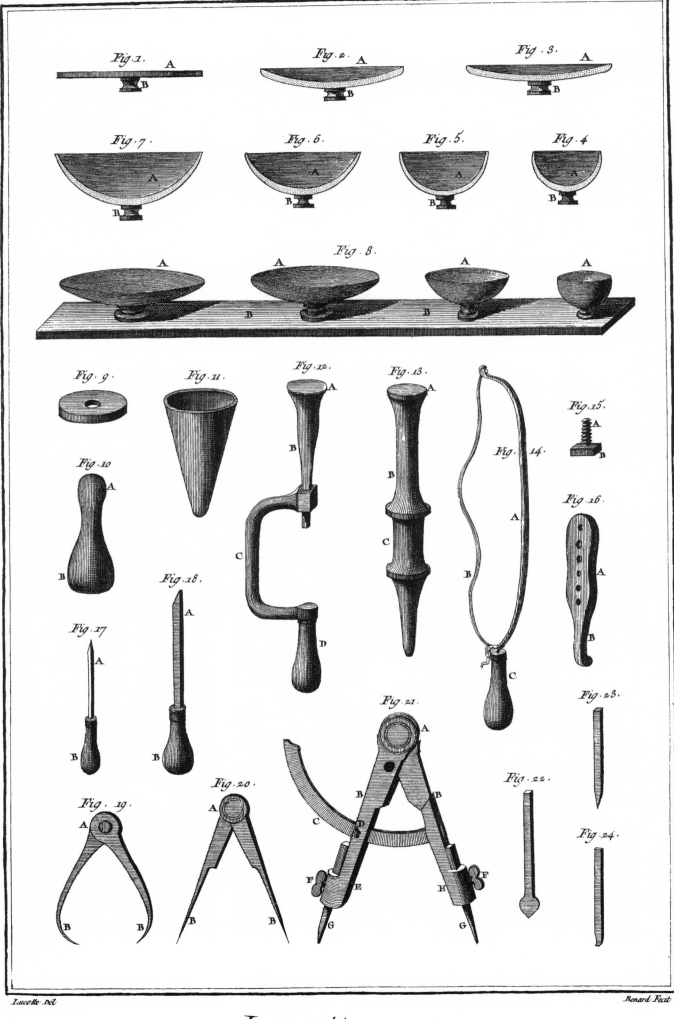

Lunetier, outils.

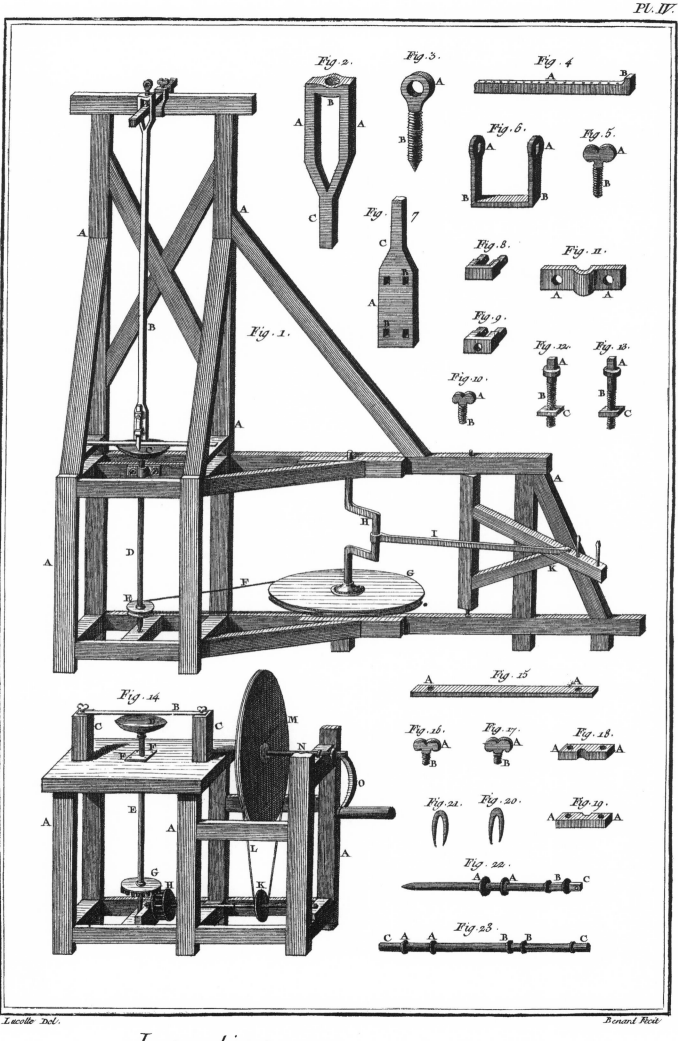

Fig. 2. Fig. 3. Fig. 4.

Fig. 6. Fig. 5.

Fig. 7.

Fig. 8. Fig. 11.

Fig. 9.

Fig. 12. Fig. 13.

Fig. 10.

Fig. 1.

Fig. 15.

Fig. 14.

Fig. 16. Fig. 17. Fig. 18.

Fig. 21. Fig. 20. Fig. 19.

Fig. 22.

Fig. 23.

Lucotte Del. Benard Fecit

Lunetier, Machines à couper et à polir

Achevé d'imprimer
par MAME Imprimeurs à Tours
Dépot légal : Mars 2002